心靈小點心3

態度決定了你的高度。

【施以諾著】

橄欖基金會 出版

獻給 ____________________

相信嗎？

態度，決定了您的高度！

這本書在作者細心撰寫，

以及杏林子、王陽明、黃美廉、

湯志偉等名人的見證下悄悄面世，

期待它的內容，

能為您的生活多增添幾分驚喜與感動。

____________________ 敬贈

Attitudes affect altitude

《杏林子序》

短，但滿有寓意

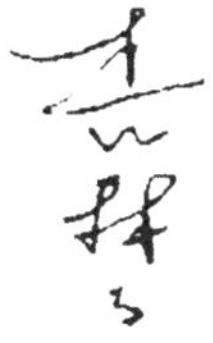

拿破崙說：「一枝筆勝過百萬雄兵」。他的意思是指筆鋒往往比劍鋒更要犀利，發揮的功能更大。的確，一篇好文章可以教育社會，美化人生，提昇性靈與精神的層次，達到教化人心的目的。

《態度，決定了你的高度》一書，雖然每篇篇幅不長，但短小精湛，以一個發人深省的小故事，讓讀者默想其中的含意，從而應用到生活的層面，發揮暮鼓晨鐘的效用。

我尤其欣賞作者的創作態度，據我了解，創作之前，他會先禱告，

祈求上帝賜他靈感，所寫的每篇文章，都能符合神的旨意，帶出救恩的訊息。投稿之前，他也會為每一位讀者禱告，希望讀者能從他的文章中得到益處，進而認識上帝。這樣謹慎而鄭重的創作態度，無怪乎神大大的賜福他這枝筆，每本書都叫好又叫座。

讀一本好書，可以說是心靈最大的享受。以諾弟兄尚年輕，創作的路仍長，願他再接再厲，繼續以他的筆服事上帝，榮神益人。

（杏林子本名劉俠，現任總統府國策顧問，暢銷書作家）

《王陽明序》

培養良性態度的秘訣

王陽明

讀以諾的書，很喜歡他作品的風格。文章簡短，輕鬆易懂，並且言之有物。這本心靈小點心系列的新書以「態度」來切入，正是今日年輕人需要學習與累積的歷練。

近年來大家流行談EQ。一個人的成功，IQ是基礎，但最後是看EQ。而EQ的重要內容正是態度，這是心的問題。人之所以為人就是有這個心，所謂「人者心之器」。由此，心術沈於內，而態度形於外。

本書從五個方面提供讀者培養良性態度的秘訣。尤其重要的是，其

中包括對上帝的態度。西諺有語道：「Put God in the center and everything comes together。」意思是，將上帝放在生命的核心，心態自然歸正，一切就自然就緒。

其實本書不僅年輕人需要讀，壯年人與老年人也需要讀。大家都有正確的態度，促進良性循環，個人才好發展，社會才會祥和。

在此特地推薦此書給尋找好書的人。

（王陽明博士爲現任馬偕紀念醫院行政副院長）

《黃美廉序》

以愛和希望為出發點

黃美廉

以諾，是怎樣的一個年輕人呢？一、兩個星期前，我還不認識他。但是就在兩週前，我於一個按立牧師的典禮上，遇見了這位年輕帥氣又溫文有禮的他，而留下非常好的印象。之後，朋友寄了一些他的稿子來給我，我開始更認識他了。我們有非常多的相似之處，最像的是我們的父親都是牧師。因著這樣的背景，當然使我看他的文章時很投入又很喜歡，有些文章還真令我笑了至少半小時（我先不說是那幾篇哦？）！也許，看他的文章會覺得他不像是在寫E世代的論調，然而他的文

章短又精簡是當下年輕人最能接受的文章形式。他的思想很單純、積極又有生命力。我認為這就是年輕作家最珍貴的特質。

以諾的思考模式是以愛和希望為出發點，而根基在信仰上。看他的文章，你能想像自己面對的是怎樣一個年輕人對你述說有關他、他牧師爸爸，以及一隻可愛小熊的秘密；白紙和網子有什麼關係，又對我們生活有何關連和啟示呢？基督徒怎麼面對壓力？他都有活潑創意的看法。

還有，他這個生長在E世代的人，竟然這麼有深度的看待世上的問題、知道如何自我調適、經營人際關係，真是叫人欣慰，其實在台灣還是有很多E世代人很認真地在過每一天，只是我們注意到了嗎？希望以諾所寫的，不僅成為你我的幫助，也使我們相信上帝與這個世代同在。

我真的很喜歡以諾的文筆，只是希望日後他可以不用在文章後面都加一段別人的話。那有一點牧師講道的味道，可能是他的特色吧？因為牧師的兒女都是這樣的！（**黃美廉為腦性麻痺畫家，美國南加大藝術博士**）

《湯志偉序》

符合現代心靈之需求

市面上什麼樣的書賣得好？大概不出理財（講白一點就是能幫助賺錢的）、減肥兩大類型，這兩者一是向外擴張，一是向內減縮，但均屬外在和表相，不多時日，立即就又會有包裝更精美、樣式多變化的後浪（新書），推倒還算熱手的前浪。

而其實還有另一類型的書籍，雖不會擺在非常搶眼的位置，卻細水長流，在人心枯乾之時，成為一大幫助，這即為勵志心靈的書籍。其實很多時候，此類能滿足內在需求的書，對任何人而言，是比外在更加的

迫切需要，但現今這些勵志書目中卻多的是諸子百家之言，有時不免讓人眼花撩亂，甚至某些還過於傾向個人主觀經驗所整理出來的，其中似乎還隱藏著某種誇耀，或些許偏頗之詞。個人以為若能以日常生活的經驗，列舉出感人情深的故事，歸納出淺顯易懂的重點，並帶出正確的人生觀，指引出生命之基礎根源，這樣的勵志書就真正符合現代心靈之需求了。

這本**《態度，決定了您的高度》**一書，誠如以上所企盼，包含了諸多層面的要素，更重要的是它提供失迷者一條清楚的追尋道路、混亂者一片安定的清靜力量，在作者誠意的背後，是大有能力者智慧的托住，相信這對許多空缺的心靈，在閱讀之後必能產生極大的幫助與滿足感。

在現今人心忙碌的生活裡，若你的狀況正處於載浮載沉的荒謬之中，以致在慌亂世界裡不知何以是從時，那麼這本書正適合你。

（湯志偉為知名演員、主持人）

《作者序》

你的態度，決定了你的一生

這本書是《心靈小點心》的第三集。算一算，心靈小點心家族自第一本書誕生算起，已經進入第三年了！現在有資深老大哥《心靈小點心》，二哥《心靈小點心2》，中途又寫了一本與他們血緣關係有點近卻又不太近的《幸福處方》（勉強算它是心靈小點心家族裡的「表弟」吧），到這本《心靈小點心3——態度，決定了您的高度》已是第四本，也是我到目前為止最滿意的一部作品。

我們可以用簡單的五句話來概括本書所欲傳達的信息：看待壞事的

態度，決定了您心情的高度；做人的態度，決定了您名聲的高度；做事的態度，決定了您成就的高度；對生活的態度，決定了您活的品質；對上帝的態度，決定了您生命的高度。總而言之就是那句話：「態度，決定了您的高度！」

在這本書裡，筆者野人獻曝地分享了一些讓我自己受益匪淺的生活態度，例如：每天睡前先想出三件事來默默感恩、每天為一個自己不喜歡的人禱告、翹翹板互惠原則、話講八分滿、十個60分，不如六個一百分、擁有一顆喜「閱」的心、寬恕，是一把梯子……等，也許這些小小的ideas不見得有多艱深難懂，但期待它們可以在您的生命中發揮「小兵立大功」的妙用，為您的生活增添幾分的驚喜與感動。

您想更深入地看看這些小品文嗎?它們全都收錄在這本《心靈小點心3——態度，決定了您的高度》裡頭，趕快瞧瞧吧！

施以諾 2002 冬

《作者簡介》

認識「施以諾」

一個醫療界的新鮮人，
卻總是喜歡運用文字的魅力來影響這個社會；
一個家世平凡的青年人，
卻靠著信仰與努力，而培養出了難得的高知名度。
這，就是施以諾。
您想多認識這位年輕的多產作家嗎？
歡迎您翻翻這本《態度，決定了你的高度》

走進作者的內心世界，
共同分享他在生命中的驚喜與感動。

目錄

2 心靈的維也納咖啡

★做人的態度，決定了您名聲的高度

3 心靈的蛋糕

★做事的態度，決定了您成就的高度

4 心靈的冰淇淋

★對生活的態度，決定了您活的品質

5 心靈的厚片土司

★對上帝的態度，決定了您生命的高度

每個人每天幾乎都會碰到或多或少的壞事、衰事，也許您不能決定今天將碰到那些糟糕事，但，您卻可以決定用什麼樣的態度來看待它們。底下分享幾個面對壞事的態度，像是：每天睡前想出三件事來默默感恩、把「吃虧」當作「吃補」、每天為一個自己不喜歡的人禱告……。期待這些妙方，能增加您心情的高度。

1. 心靈的薰衣草茶～

面對壞事的態度，

決定了您心情的高度

① 每天想出3件事來感恩

幾十年前，一個身有殘缺的美國人，家中遭了小偷，損失了不少財物，一位朋友寫信來安慰他，他卻回信說：「謝謝你的來信，但其實我現在心中很平靜，因為：

第一、竊賊只偷去我的東西，並沒有傷害我的生命；

第二、竊賊只偷走部分的財物，而非所有財產；

第三、還好，今天是別人作賊來搶我，而不是我作賊去行竊。」

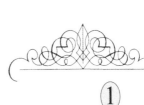

就是這樣的價值觀，讓這位殘障人士不管遇到任何大、小事情，都能用正面的態度來面對之，進而在日後締造出了不凡的成就，你猜出他是誰了嗎？他，就是後來的美國總統——羅斯福。

說真的，我好喜歡羅斯福的思考模式，很「健康」！也很陽光！

想一想，如果一個遭人行竊、白損財物的倒楣鬼，都可以針對該事件而想出三點「不幸中的大幸」來感恩，那麼較之平日際遇如同小巫見大巫的您我，又有什麼理由常常哀聲嘆氣呢？

快樂的秘訣就在一顆感恩的心。好不好，咱們就從今天起，開始給自己一個小小的功課：「每天睡覺前，先想出三件值得慶幸的事來默默感恩！」可能有時您覺得這一整天，甚至這一陣子，都實在過得糟糕透頂，沒什麼好感恩的，沒關係，只要靜下心來想想，您一樣可以和羅斯福一樣，在不幸中找到幾件值得感恩的樂事。

而一旦您養成了這個小小的習慣，您必將雀躍地發現，原來自己的生

活中，竟然還存在著這麼一些未曾看見的驚喜與恩典！可不是嗎？套一句名諺：恩典其實一直都在，只是人們往往視而不見。

「每天睡前想出三件事來默默感恩。」是我給自己開的快樂處方，我覺得效果還不錯！您，要不要一起也試一試呢？

名人留言版

我一直為自己沒有鞋子穿而哭泣，但當我看到那些失去雙腳的人，我又感到幸運至極。

～海倫凱勒

2 百事可樂

「百事可樂」不但是個知名的飲料，更成為E世代青年朋友的祝福語。卡片上、口頭上……處處可見到或聽到「祝您百事可樂」的字眼。什麼意思呢？亦即祝福您，不論碰到什麼事情，都是快樂、可樂的。

人雖然不能控制環境，不能保證所碰到的每一件事都可以變得快樂，但我們卻可調整心境，讓自己用一顆愉快的心去面對所發生的每一件事，讓百事皆可樂。

說到「百事可樂」這樣偉大的E.Q，真正的代表人物，該算是舊約聖經中的哈巴谷了，他曾愉悅、輕鬆地說：「雖然無花果樹不發旺，葡萄樹不結果，橄欖樹也不效力，田地不出糧食，圈中絕了羊，棚內也沒有牛；然而，我要因耶和華歡欣，因救我的神喜樂。」（聖經哈巴谷書三章17—18節）

親愛的朋友，如果您也能用以下三種價值觀去面對自己的每一天，我相信您必能使生活中增添不少的笑聲與欣喜：

●告訴自己，「無事」可樂：

基督徒常會為著生活的枯燥乏味而埋怨神，但卻甚少轉換心境，為著生活的平安無事而感謝神。曾經有一位在車禍中劫後餘生的婦女做見證說：「以前我從不覺得生命中有什麼恩典，但直到今天我才深深的體會到，能夠平靜地渡過每一天，那是多麼奢華的福氣啊！」您能為每天的平

安無事而感謝神嗎?試試看，您必會有不一樣的好心情。

●告訴自己，「小事」可樂：

注意過嗎?上帝在您的每一天裡，都會替您安排一些小小的 surprise，像是在大熱天裡一下子就等到公車；偶爾被老闆、師長給誇讚一下；或是忽然接到遠方老友打來的問候電話……。如果您常常細細數算這些令人快樂的小事，喔！您將會覺得自己真的很幸福！

●告訴自己，「壞事」可樂：

什麼！?「壞事」也值得高興嗎?其實，很多時候一些在人看來糟透無比的事情，在神看來非但不是一種咒詛，反而是一種祝福。聖經創世記中所提到的約瑟，他因遭嫉而被兄長們聯合出賣，之後又被人誣賴下在監裡，夠糟了吧！但上帝卻藉由這一連串事情的演變，因緣際會地讓他當上了埃及的宰相。

親愛的朋友，請告訴自己：「壞事」也可樂！也許您一時之間還看不明白，但等時候到了，必會有說不出的驚喜與感動。

如果一個人沒有快樂，他（她）所需要的絕不是膚淺地「找樂子」就可以解決，而是需補足其所需的「信心」與「感恩的心」！在此祝福各位：「百事可樂！」

名人留言版

快樂不在於我們擁有多少財物，而在於我們如何享受它們。

～司布真

3 把「吃虧」當作「吃補」

有一天，上帝召集了森林裡所有的動物，對他們說：「各位！我要送給大家一件禮物，誰要是看了喜歡，就把它拿去戴在身上吧！」大家立刻瞪大了雙眼，目不轉睛地望著上帝，猜想著這將是怎麼樣的一份大禮，鑽石？皇冠？還是一條漂亮的項圈？

等到上帝拿出那件神秘的禮物後，大家失望了！那只不過是一對滿佈羽毛，看來笨重不已的翅膀。這該怎麼辦呢？上帝送的禮物居然沒人要？

大家你看我，我看你，決定推出一個可憐蟲去接下眼前這個燙手山芋，不一會兒，大夥兒的眼目聚焦在一隻名叫「麻雀」的小動物身上。

「我？為什麼是我？我不要！」這小傢伙委屈地叫著，但拗不過大家強勢的要求，他只好硬著頭皮來到上帝跟前，穿起了那個叫作翅膀的奇怪禮物。但，奇妙的事發生了！那個看似笨重的東西不但一點都不重，反而還有一種說不出的輕盈感，接著，麻雀拍了拍那一對翅膀，整個身體居然就這麼地飛了起來，他好驚訝、好快樂。許多動物目睹此景，只能在心中懊悔不已。

大家認為會增加負擔的東西，卻讓麻雀輕巧地飛了起來！很多時候生命中的一些挫折、遭遇……不也是如此嗎？常常，在旁人看來「吃虧」的處境，到頭來反而變成一種「吃補」！

我很喜歡聖經的一句話說：「為甚麼不情願吃虧呢？」這句話乍聽之下會讓許多人「霧煞煞」，難道是要鼓勵世人搶當冤大頭嗎？當然，此文

並非做此解，若您仔細深思揣摩，將會發現它裡頭蘊含著極為寶貝的生活智慧。

一件看似吃虧的事可能是上天的另一種「帶領」，很可能祂要藉由您所意想不到的方式，領您到另一個價值遠超乎您所求所想的目的地；一件看似吃虧的事也可能是上天的另一種「磨練」，也許真是天將降大任於斯人也，祂就是要利用一些逆境與挑戰來激發出您那無限的潛力。

試著把「吃虧」當作「吃補」，用感恩的心去面對發生在您生命裡的一切大、小事物，相信您將會更深刻地體會到那句古諺——「吃虧，就是佔便宜」！

名人留言版

你要愛苦難，因爲它將爲你日後帶來歡樂，彩虹多美麗，卻是用天父的眼淚所編織而成的。

～考門夫人

④ 要有「大不了回到原點」的豁達觀

有一位白手起家的珠寶商，賺了許多的錢，但因經濟不景氣，讓他的公司業績一落千丈，甚至欠債累累。在極度消極的情況下，他決定跳河自殺，這天，他來到了河邊，突然看見一位少女亦哭哭啼啼，此時，這珠寶商問她說：「小姐，三更半夜你來這裡要作什麼？」這小姐回答：「我被我的男朋友拋棄了，我不想活了，因為沒有他，我不能活下去。」

珠寶商一聽，回答她說：「咦！奇怪，你在還沒有男朋友之前你是怎

麼活的呢?!」少女一聽，恍然大悟，也就不尋死了。

珠寶商此時忽然也醒悟過來：「是啊?在我沒有這麼多錢以前，我是怎麼活的?我也是白手起家的啊。」這時，少女反問珠寶商：「咦?三更半夜的，你又來這裡作什麼啊?!」他尷尬地回答：「哈哈!沒事，我只是出來散散步而已。」

面臨不順，要有「大不了回到原點」的豁達觀!反正很多事情本來就是從零開始累積的，不是嗎?之後就算真有個什麼閃失，再慘，也不可能變成「負」的!我們又何必把它給想得太嚴重呢?若能抱著這種穩賺不賠的人生觀去過日子，您鐵定會工作得更快樂，即便是跌倒了，您也能夠比別人更快地再站起來，而不會一直陷在憂鬱的泥沼裡自怨自哀。

就像故事中的珠寶商與失戀女子，若能凡事想開一點，不要讓自己牛角尖越鑽越悶，不但可以疏導憂傷的情緒，更可以獲得嶄新的動力。

一個在失意中還懂得打「開」自己心「懷」的人，才有可能活得「開

懷」！活得快樂！活得有盼望！

名人留言版

我的東西不多，但我懂得知足，知足的人，必然常樂。

～本仁約翰

5 白紙・網子

您可以就地做個實驗，或是在腦中稍微想像模擬一下：現在，我們需要一台強力電風扇、一大張白紙，和一面網子。首先，我們拉緊白紙的兩邊，並朝向電風扇面豎直攤平開來，接著把強力電風扇的風量給開到最大，您想，這張白紙的命運會如何？我想大概會破掉！接下來，我們再用同樣的方式將網子豎直在電風扇前，以同樣的強風吹襲，網子會怎麼樣呢？頂多飄晃一下罷了，但絕對破不了。

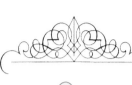

白紙跟網子的差別，在於白紙硬生生地接下了每一個衝擊在它身上的空氣粒子，而網子卻讓大部份的空氣粒子穿拂而過，所以白紙容易應聲破裂，而網子卻安然無恙。

想一想，每個人活在世上都會遭受到許多無端的批評與偏激的攻訐，面對「強力電風扇」，您的習慣是當一張白紙？抑或作一面網子？面對那些不堪入耳的惱人言詞，您的處理方式是硬生生地全數記下？還是寬容地將它們盡數忘過？

誠摯地建議您，面對別人的三言兩語，要學習用「三不政策」來瀟灑地將它們拋諸腦後：

- **「不」斤斤計較：**

一個人講話會傷到您的心，可能的原因有很多，也許是對方的表達方式一向直率，也許他正處在情緒受挫之中，或是他尚未弄清楚狀況，要不

然就是他想開玩笑但卻擦槍走火……，然而無論是那一種，都不值得您將那些難聽的尖銳字眼往自己心頭上插。

●「不」胡思亂想：

不要把人家輕描淡寫的一句話賦予過多的詮釋與解讀。「她這麼說是不是瞧不起我？」「他這樣講是否在指桑罵槐？」也許有可能，但機會往往微乎其微，多半還是庸人自擾，自尋煩惱。

●「不」反唇相譏：

當一個人對您發出無端、偏激的言語攻擊時，先別為自己的形象擔心，因為在旁人眼裡，無的放矢者多半只能損及自身的形象，旁觀者自會用默默的支持來還您公道。如果您反唇相譏，則不但徒成就一場無益的口水戰，別人還會因此把對您的評價降至與該批評者同一水平，多划不來啊！在說話遠比沈默好時才說，否則寧願靜默。

沒有寬恕，就沒有快樂。給自己一顆寬廣的心，面對那些無謂的言語，試著一笑置之，讓它們就這麼過去算了！若是「過不去」，那麼總有一天，您將成為那張被強風吹破的白紙。

名人留言版

每個人都應該訓練自己忘卻那些無謂傷心的事。

～依米勒

6 善用「3個三分之一」讓自己活得更有勁！

一個年輕人接替了他父親的砍柴工作，便很興奮地展開他的樵夫生涯，開始賣力工作。第一天，他砍了三十棵樹，老父親聽了很高興，說：「做得不錯！」

年輕的樵夫聽了好開心，第二天，他更賣力地工作，但卻只砍了二十五棵樹；第三天，他再度加倍努力，竟比第二天還少了五棵，一直到一個月過後，它平均一天只能砍十棵不到的樹。年輕的樵夫覺得很難過，跑到

父親那兒說自己不知該如何是好，因為自己的力氣好像越來越小了！

父親遲疑了一會兒，問道：「你上一次磨斧子是多久前的事了？」

「磨斧子？！」兒子詫異地大叫：「開什麼玩笑，我天天忙著砍樹，那來的時間磨斧子？！」

父子間簡短的對話，似乎透露了這位年輕的樵夫欲振乏力，每況愈下的關鍵！

不妨將故事中父親問年輕樵夫的話改一下反問自己：「您上一次好好休息是多久前的事了？」……，可能您也要回答：「開什麼玩笑，我天天忙著工作，那來的時間休息？！」殊不知，一個不懂得適度休息的人，猶如一條被長期緊拉的橡皮筋，久了，將會失去彈性，也會失去其功用。

前一陣子，某知名女性藝人曾提出「3個三分之一」的生活妙方，其實，早在她之前，醫學學者 Meyer 即曾提出一模一樣的健康理論模式，她主張，人不應該完全將重點著重於工作，人一天的24小時，應該工作、

休息、娛樂各佔三分之一，如此才能活得健康，活得快樂。

且讓我們現在就開始善用「3個三分之一」的健康生活模式，讓工作、休息、娛樂的每個三分之一都穩穩地佔在生活中，使自己能活得更快樂，工作得更有勁。

名人留言版

休息，不是關機，而是在充電。

～伊諾克

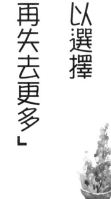

⑦ 您，可以選擇「別再失去更多」

小美遺失了一隻心愛的洋娃娃，她難過極了！整天茶不思、飯不想地，最後甚至還病倒了。牧師來探望她，了解了情況之後，便笑笑地問道：「小美，如果有一天你不小心掉了十萬塊錢，妳會不會選擇乾脆再另外扔掉二十萬塊錢呢？」

女孩訝異地回答：「當然不會啊！」牧師又說：「這就對了！那妳為什麼要在掉了一隻洋娃娃之後，又另外再『扔掉』兩個禮拜的快樂，以及

兩個禮拜的笑容，甚至還『扔掉』了兩個禮拜的健康呢？」

小美一聽恍然大悟，便重新振作起來，重新面對她的生活。

我們常會因為一些小挫折、小失敗，而導致我們情緒化地失了方寸，進而再另外「扔掉」了許多原本屬於自己的美好事物，殊不知，那些被您「扔掉」的東西，原本是可以幫助您更快東山再起，重新彌補那些小挫折、小失敗的「基金」，這麼一「扔」，只會讓自己二度受創。

想一想，這個禮拜，您有否因為一些小事，而想不開地『扔掉』了什麼東西？快樂？笑容？還是友誼？……，無論問題的答案是什麼，都值得您深思咀嚼。

名人留言版

行事急躁的，都必缺乏。

～所羅門

8 每天為一個自己不喜歡的人禱告

有一則笑話，說到一位知名演說家應邀到一個社區裡演講，講題是「愛人的功課」，他首先發問說：「有沒有那位的心中完全沒有討厭的人的？請舉個手吧！」話一說完全場一片寂靜，只見一位白髮蒼蒼的老先生舉起了手。講員很高興，便走過去問：「請您跟大家分享一下您是怎麼做到的，好嗎？」老先生正經地說：「因為我不喜歡的人已經全死光了！」全場莞爾，講員一時尷尬的不知所措。

相信大部份的人，即便是信主多年的基督徒，可能也都會有不喜歡的人，雖然知道要常為著對方禱告，但卻無奈地發現：越禱告越無力，越禱告越氣對方。如果您也處在這樣的感受中，那麼我敢肯定地告訴您：您為對方禱告的態度錯了！

當您在為一個自己不喜歡的人禱告時，切記以下三個步驟：

第一步：多為他（她）的優點來替他感謝上帝

不要先為對方的缺點禱告，而要先為對方的優點感恩！再讓您不喜歡，再讓您嗤之以鼻的人，也必有他的優點，只不過當您打從心裡討厭一個人時，就會不自主地無限放大其缺點，進而使得他那被誇大的缺點如一片烏雲般地遮蓋了他其餘好的一面。

試著冷靜、客觀地找出對方的優點，並為這些優點來替他感謝上帝！讚美上帝！當您肯敞開心胸，為自己的死對頭獻上感謝與讚美時，久而久

之，您必將發現，其實對方也並沒有那麼討厭，於是心中多餘的醜化印象也將隨之消散。

第二步：求上帝讓您我看到自己的不足

當您很不滿意一個人時，並不代表錯一定是在對方。舉例來說，您因著一個人氣燄高漲而討厭他，冷靜想一想，說不定您心中有著隱而未現的嫉妒在作祟，而您卻渾然未覺；您因為一個人講話難聽而不喜歡他，若仔細想一想，雖然他說話的確缺德了點，但說不定話中還真有那麼一、二分的道理，值得您自我提醒，進而使自己更加成長。

在碰到令自己討厭的人時，也要求上帝讓您可以藉機反省自己，藉機看到自己的不足，這真的是基督徒邁向成熟所不可或缺的肚量。

第三步：求上帝親自介入，讓祂、你、他（她）之間有良好的「三角關係」

您覺得您與某人的關係已經搞僵，僵到一種無法收拾的地步了嗎？沒關係！求上帝親自介入您跟他之間，讓您、上帝與他，三者之間建立起一個彼此互動良好的「三角關係」，那麼即便是再劍拔弩張的氣氛，都有可能奇蹟似地回轉。

「每天為一個自己不喜歡的人禱告」是您「對付」仇敵最溫良，也最聰明的辦法。很快地，您的心情，乃至與他人的互動，都會大有改善。

名人留言版

我心裡最不願意禱告的時候，正是我最需要跪下來迫切禱告的時候。

～司布真

9 脾氣來了，福氣就沒了！

有一個年輕人繼承了他父親公司的業務，他學歷高，能力強，但就是個性急躁易怒。這天，他邀請公司的十位董事到餐廳裏吃飯，眼看開飯時間就快到了，卻只來了六位，他又氣又急，喊著：「唉！真是的，該來的不來！」

「啊？該來的不來！？」其中兩位董事聽了他急躁的言詞，當下心生誤會，憤而離席，這位年輕的總經理見自己捅了簍子，更氣、更急了，跺

足道：「哎呀！該走的不走！」「什麼？該走的不走！？」馬上又有三位董事拂袖而去。

最後，只剩下最後一位董事了，這位董事是他父親的好朋友，從小看著他長大，對他總是呵護有加，於是，他走到這位新任總經理的身邊，耐心勸他：「你不能這麼容易氣急，這樣是會壞事的！」這年輕人又氣得大叫：「我剛才不是在說他們啦！」話畢，連眼前這位董事也不見了。

想一想，在日常生活中，您常因脾氣而壞了事嗎？說到「脾氣」這個傢伙，它簡直就像是個地痞流氓，只要您一不小心，它就會大搖大擺地闖進您的心門，並奪走您生命中許多原本屬於您的美好福份。怎麼說呢？

- **脾氣會讓人失去理智**：一個人在急怒之中，往往會講出許多失控的話，做出許多荒誕的判斷與舉動，甚至釀成大禍。
- **脾氣會讓人失去人緣**：沒有一個人會喜歡跟脾氣暴躁的人相處，因為那種感覺就像在軍火庫旁買房子一樣。

- **脾氣會讓人失去健康：**壞脾氣易引起高血壓、心臟病、腦中風等血管疾病，這些都有醫學根據。
- **脾氣會讓人聽不見上帝的聲音：**一個碰到挫折只會大發雷霆、怨天尤人的基督徒，往往會因無法靜下心來禱告、尋求神，久了自然也就聽不到上帝帶領與安慰的聲音。

聖經上說：「不輕易發怒的，大有聰明；性情暴躁的，大顯愚妄。」（箴言十四章29節）這句話說得一點兒也沒錯，因為「脾氣來了，福氣就沒了」！一個容易被脾氣給駕馭的人，必然也是一個常被福氣所遺忘的人。您，是一個懂得不輕易發怒的聰明人嗎？

名人留言版

若您冷靜思考，您將發現發脾氣比做任何愚蠢的事都還要糟糕。

～杜思理

⑩ 越「唉」越悲哀

有個農場的主人家裡失了火，燒掉了大半的房舍，主人非常的難過，整日哀聲嘆氣、以淚洗面。他的朋友實在看不下去了，於是朋友甲建議他：「何不把農場裡的雞賣掉一些，籌措一些資金東山再起呢？」他灰心地回答：「唉！沒有用的，雞不一定賣得出去。」朋友乙接著說：「那就把乳牛的奶拿一些到隔壁鎮上去賣吧！」主人搖搖頭說：「唉！行不通啦！隔壁鎮的人不一定愛喝牛奶。」朋友丙想了很久後開口說：「乾脆把

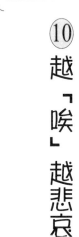

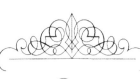

農場租給別人，定期收取租金吧！」他卻說：「唉！我怕遇到不法之徒，把我這個農場給順勢霸佔了！」

就這樣主人越說越消沉，越說越自悲。幾十年後，他還是沒走出痛失家財的悲情，依舊哀聲嘆氣，最後，這個農場主人就在自己的哀嘆聲中結束了生命。

這真是一個令人感嘆的故事啊！對這位悲情的主人而言，「快樂」竟是如此地咫尺天涯！快樂真有那麼難嗎？我們先來看看快樂的英文是HAPPY，若想要抓住HAPPY，就不能只是一味地自怨自哀，那怕是在萬難之中，也要抓緊構成快樂的五種因子：

• **盼望（Hope）：**

在悲傷之餘，仍要給自己盼望，人可以「失望」，但不應「絕望」！如果老是告訴自己：「一切都完了！」而不往正向的方面去思考，那麼很

容易就會一輩子陷在絕望的死胡同裡。

●行動（Action）：

在悲苦的環境裡，更要加倍努力，才有可能突破、超越眼前的困境，空悲切好比一個人坐在搖椅上耗力動個不停，但卻無法向前跨進一步。

●禱告（Pray）：

在悲痛之中，千萬記得禱告，邀請上帝來跟您一起並肩作戰，讓自己如有「神」助，戰無不克。

●忍耐（Patience）：

無論環境再不如意，一定要懂得忍一時之氣，不當的宣洩與遷怒不但於事無補，反而會把情況越弄越糟，在困境之中，需要的是「韌性」而非「任性」！

● **渴慕（Yearn）：**

處在艱困中時，更要懂得渴慕神的話語，謹守住每日讀經靈修的好習慣，要知道，上帝常會奇妙地藉由聖經中的話語來安慰人、為人開路。

一味消極地怨天尤人、哀聲嘆氣並不能改變眼前的一切，反而會讓您越「唉」越悲哀，越怨心情越低潮，唯有在困境中積極地盼望、行動、禱告、忍耐、渴慕，才能夠走出憂境，擁抱HAPPY！

名人留言版

你們那一個能用思慮使壽數多加一刻呢？

～聖經・馬太福音

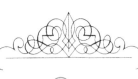

11 寬心，放寬您的心

有則故事說到一位國王清早優閒地走進他的花園裡，卻驚訝地發現所有的花草竟都枯萎了！探問之下，才知道原來橡樹嫌自己不像松樹那樣高大，松樹又嫌自己不如葡萄般多結果子……，所有的植物都因心中充滿了忿恨與不平，紛紛凋零、枯竭……。

而面臨枯竭的又何止是故事中的那些植物呢？現代人對現況的種種不滿、不安，早已在心中形成了一股無形的壓力，越來越大，越來越重，將

心靈的空間給擠壓得狹窄窒礙。但是若您能學習放寬自己的心胸，每天用一種坦蕩的態度來向這個世界打招呼，您的人生必然會大不一樣！親愛的讀者，您是一個懂得「寬心」過日子的人嗎？這裡有三個小小的 ideas 提供給您：

1.不與自己斤斤計較：

常聽許多人抱怨：「喔！為什麼我長得不像李奧納多？」「天啊！為什麼我長得這麼矮？」「為何我就不能像×××那樣擁有魔鬼身材？」……，其實想想，何不放寬您的心去接受這早已不能改變的一切，學習接納自己呢？相信在您擁有此健康、喜樂的心態之後，臉上必然會流露出一股超越世俗帥氣與美感的清新氣質。

2.不與別人斤斤計較：

「可惡！我非把那傢伙給宰了……。」有人常氣到這種程度，哎！何必呢？按照中醫的說法，常記恨於心的人是會「內傷」的，聖經上也教導

世人「不輕易發怒，不計算人的惡」（林前十三5），當您學會用一種雍容大肚去包容別人、饒恕別人時，最大的受益者將是您自己。

3.不與上帝斤斤計較：

很多人一時之間會不明白上帝的作為，不明白上帝當下的帶領，進而感到憂愁、煩惱。親愛的讀者，您就儘管「寬心」吧！還記得那句話嗎？「上帝……充充足足的成就一切，超過我們所求所想的。」（以弗所書三章20節）別為一時的困境而與上帝斤斤計較，因為最後祂一定會將最好的賜給您！

「寬心，放寬您的心」不是什麼高深的哲理，而是一套讓人滿足喜樂、延年益壽的生活妙方，提供給您，期待您這輩子過得幸福又健康！

名人留言版

最愚昧的生活方式就是埋怨。越埋怨，就越被埋在裡面；越不平，就越陷在其中，讓人越發透不過氣來。

～倪柝聲

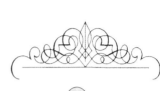

12 基督徒的壓力方程式

有則溫馨的真實故事，是說到佈道家慕勒有次要到桂拜城去主領一場佈道會，他必須在該週週六前到達那間教會，不然就會趕不上時間。然而，不巧的是，前一天晚上碼頭竟起了大霧！船何時才能出海？誰也沒有辦法給確切的答案。

處於如此大的時間壓力之下，慕勒先生不但一點都不緊張，一點都不心煩，反而還輕鬆地說：「沒關係，無論事情怎麼發展，我相信上帝在其

中一定會有祂最美好的安排。」說完，便靜靜地回到船艙裡禱告。後來霧果真及時散開了，船也在最後一刻抵達了目的地，而慕勒先生在極大困頓之下，所展現出的堅強信心與自若態度，更是長久為後人所津津樂道。

說到壓力二字，在心理學上，一個人所感受到的「壓力」與「所遭遇困難的大小」是呈現高度正相關的，然而，聖經上卻也告訴我們：「你們的信心經過試驗……在百般試煉中，都要大喜樂。」（節錄自雅各書第一章）倘若綜合以上的心理學與神學，我們可以粗淺地歸納出如下的「基督徒壓力方程式」：

壓力＝（所遭遇困難的大小）÷（對上帝信心的大小）

意即：「壓力」等於「所遭遇困難的大小」除以「對上帝信心的大小」。「分子」是困難，「分母」是信心。換句話說，壓力值雖是與所遇試煉的困難度成正比，但卻是與信心大小成反比的！

藉由這套「基督徒壓力方程式」，我們可以自我提醒：在日常生活中，也許您不能改變「分子」（困難）的大小，但您卻可學習交託，試著增加「分母」（信心）的大小。雖然每天將會碰到那些困難？但是，只要您的「分母」夠大！那麼不論在上頭的「分子」是大還小，給它這麼一除，所得出來的值（您所感受到的壓力），也就微小的不足為患了！

您常覺得每天生活壓力大到讓自己喘不過氣來嗎？趕緊求上帝加添您不足的信心，加增擴大您的「分母」，把那惱人的壓力值給盡可能地除到最小吧！

名人留言版

能看見看不見的，才能做不可能的。

～考門夫人

13 『恰』到好處

常有人好奇地問我：「你也會生氣嗎？」「基督徒可以發脾氣嗎？」……這可能是許多人心中共同的疑惑。基督徒可以生氣嗎？我的答案是「可以」（耶穌便曾怒斥在聖殿裡買賣的商販），但是切記要「恰」（兇）到好處，可別兇過了頭，反成了頤指氣使。

心理學家說：「一個人若不能控制自己的怒氣，那麼他將為怒氣所掌控。」在平日的生活中，是您控制怒氣？抑或怒氣左右您呢？聖經裡提供

了幾個駕馭怒氣的妙方：

．**理直氣「和」**：「愚妄人怒氣全發；智慧人忍氣含怒。」（箴言廿九章11節）學習克制一下暴跳的怒火，您將發現理直氣「和」遠比理直氣「壯」更易令他人接受自己的論點。

．**理直氣「短」**：「不可含怒到日落。」（以弗所書四章26節）我們別的不說，光從醫學的角度來看：一個愛生氣的人常易伴隨有高血壓、胃潰瘍及免疫系統缺失等等的情況，對健康而言，這絕對是一大損害，可真是划不來啊！

．**理直氣「慢」**：「要快快的聽，慢慢的說，慢慢的動怒。」（雅各書一章19節）太快動怒的人往往看不清整件事的來龍去脈，容易誤會他人的意思，甚至將原本不相干的人牽連進來，最後弄得別人委屈，自己也下不了台。

．**不輕易做決定**：人在盛怒之下往往會衝動地作出令自己事後懊悔不

已的決定，不妨冷靜一下，再細細思考該怎麼辦，就如聖經詩篇上所提醒世人的：「**當止住怒氣，離棄忿怒；不要心懷不平，以致作惡。**」

• **用禱告駕馭怒氣：**一方面檢驗自己當下的發怒是否合乎理？二方面可確保自己「**生氣卻不要犯罪**」（以弗所書四章26節）。

面對四周無數令人為之抓狂的人、事、物時，千萬別氣過了頭，只要「恰」到好處即可！當一個人被「怒」氣沖昏頭時，即便他（她）的身體行動自如，但在「心」靈層面上，卻是個被緊緊束縛的「奴」隸。「心」上之「奴」是為「怒」，您的思緒會否常被過度的怒火給奴役了呢？

名人留言版

一味地兇悍與霸道，只會讓自己失去更多的朋友。

～季辛吉

14 沙子

記得在幼稚園到小學階段，我特別喜歡玩沙，每當一有空檔，就會跟三、五個小朋友，拿著塑膠桶跟塑膠鏟，到有沙土的地方。通常我們會先把沙土給弄濕，然後用它們來拍塑出一座座小城堡，或是比賽看誰的沙球可以做到最大而不解體，簡直玩得不亦樂乎。

玩沙，最掃興的事，莫過於沙子跑進眼睛裡。記得以前每當有沙子跑進眼睛裡時，我們那群還不懂事的小蘿蔔頭，總會用手在那兒揉啊揉地，

希望讓眼睛好過些，這時，一旁的大人就會著急地大喊：「別揉！別揉！越揉會越痛！先把眼睛閉上，不要理它，等一下沙子就會隨著眼淚流出來了！」

或許這對一個成人來講，只是很基本的保健小常識，但對一群年僅三、四歲的小孩，卻稱得上是金玉良言呢！否則越揉越糟，到最後發炎了，可就不得了了！

其實，很多時候，別人得罪我們的小事，與所講過的難聽話，不也就像那些飛進眼睛裡的沙子一樣嗎？搓揉它們是沒有用的，反而為了想要趕緊把它們弄出去，讓我們睜也不是，閉也不成，千萬別去「揉」它們！越是在意，越是動手用屬世的手段去處理，反而會讓局面每況愈下。相對地，倘若不去理會它們，閉眼不去看那些事，索性不去想那些話，它們反而會自然的消失不見。

聖經上叮嚀世人：「不要自己伸冤，寧可讓步，聽憑主怒（或作：讓人

發怒）；因為經上記著：主說：伸冤在我；我必報應。」（羅馬書十二章19節）親愛的朋友，當有「沙子」跑進您的眼睛裡時，您有不去「揉」它們的智慧嗎？

期待這篇兒時回憶的偶得，能成為您我盛怒之時的參考。

名人留言版

愚妄人怒氣全發；智慧人忍氣含怒。

～所羅門王

許多偉人都有一個共通性，那就是他們除了擁有做事的能力外，更懂得做人的藝術，《心靈的維也納咖啡》收錄了包括林肯、松下幸之助等名人的小故事與格言，並獨家提供您包括：與刺蝟跳恰恰、翹翹板互惠原則等，令人會心一笑的小原則，期待能為您我的生活增添幾份人情味。

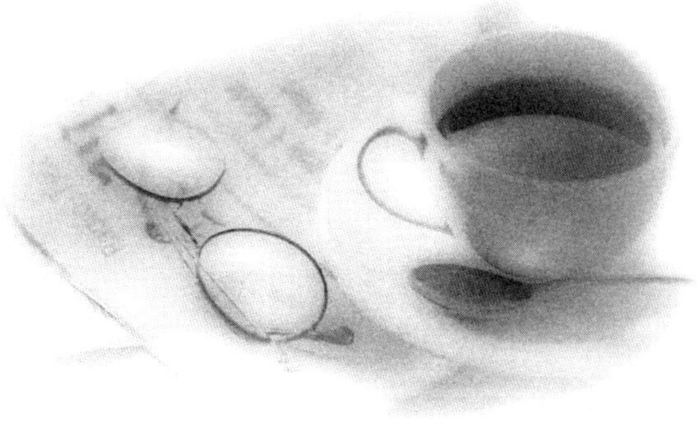

2. 心靈的維也納咖啡～

做人的態度，

決定了您名聲的高度

1 要「厚」，不要「黑」

一九七五年的某一天中午，日本某大集團的總裁與他的一位朋友在大阪的一家餐廳招待客人，眾人一邊談公事，一邊閒聊，而就在大夥兒即將用完膳的當下，這位知名總裁立刻湊近身旁的一位朋友，低聲地說：「請侍者幫我找找來烹調牛排的主廚好嗎？」之後他還特別叮囑：「不要找經理，找主廚就好。」那位隨行的朋友馬上注意到，這位總裁的牛排只吃了一半。他心理立刻有了準備，待會兒的場面可能很難堪。

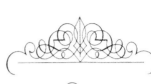

他找到主廚，把他帶到桌旁，主廚顯得很緊張，因為他知道召喚自己的客人來頭很大。「先……先生，請問，是不是有甚麼問題？」主廚望著盤裡還剩下一半的牛排緊張地問著。

「哦！不！牛排一點兒問題也沒有。」總裁注意到了主廚的表情，立刻說道。「但是我只能吃一半。原因不在於廚藝，牛排實在很好吃，可是我今年已八十歲了，胃口已大不如前。」

這話讓主廚與其他幾位用餐者困惑的面面相覷，大家花了一會兒才了解怎麼一回事。這位總裁繼續接著說：「我請你來，是因為我很擔心，怕你看到被送回廚房的牛排只吃了一半，心裡會很難過與挫折。」

以上是一則真實的故事。親愛的朋友，如果您是那位名不見經傳的小廚師，您會有什麼感覺呢？溫馨？被尊重？還是備受鼓舞？或許這樣的待人處世之道，就是那位總裁叱吒商場的祕訣吧！

說到商場，似乎很講究所謂的「厚黑學」，意即臉皮要厚，心要黑，

如此才能成功。然而，從故事中這位總裁的風範，我們可以發現做事其實不一定要多厚臉皮，也不一定要多黑，但是，一定要待人厚道，處處將心比心，為人設想，如此才能贏得成功，贏得不泯良心。

要「厚」（厚道），不要「黑」（黑心），是現代人生活所不可或缺的人際E.Q。

名人留言版

別人在背後說你的話，決定了你在社會上的地位。

～佚名

2 與刺蝟跳恰恰

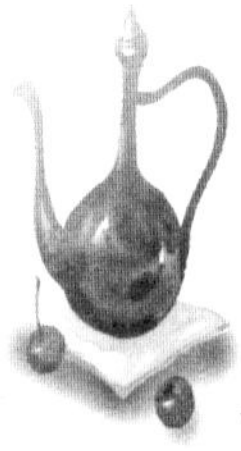

我從來就不喜歡跳舞，哦！不，應該說，我其實從來就不喜歡從事任何動態的休閒活動。一直到醫學院畢業的前一年，我被分派到台大醫院實習，當時因為需要帶精神病患們做舞蹈治療，這才心不甘、情不願地被其他實習的同學，連拖帶哄地去惡補了幾支舞步。

像是「恰恰舞」啦，「華爾滋」啦……，都在我們學習的清單之中，跳著跳著，居然還跳出了點兒心得和樂趣。這樣的經歷讓我連想到，學者

諾佰（Norberg）曾在一九八六年發表了一篇研究，指出音樂伴隨舞蹈可以改善一個人的心情。直到我親身體驗後，才意會到箇中奇妙。

說到「恰恰舞」，而人與人之間的互動，不也就像人跟人在跳恰恰一樣嗎？真的！若仔細想想，您也將發現，這兩者間還真的有那麼點饒富趣味的共同點：

●人際互動就像跳恰恰，進退時要抓緊「時間點」：

跳恰恰的一個重要訣竅，如果進退之間抓不準時間點，那麼肯定會把對方給踩得哇哇大叫！

「說話」不也一樣嗎？要懂得「抓對時機」，否則進退若失了據，那怕說話的動機、內容再好，也只呈現出反效果。像是：不要在公開場合指出別人的錯誤（可以等私下無人時再講）；不要在對方正失意時跟他（她）談自己的得意事（這只會在無形中更觸及對方的傷處），不要只顧

自己的需要頻頻要求，而忽略了他人的感受，都是一種說話時機拿捏的藝術。

●人際互動就像跳恰恰，要懂得「他（她）進，則我退」：

每個人都會有脾氣，都會有情緒爆發的時候，在他（她）因一時氣急而侵犯到我們時，千萬別跟對方硬「撞」得鼻青臉腫？何妨寬宏大量，乾脆當下退讓他（她）一步？人際互動就像跳恰恰一般，要懂得當對方進一步時（生氣），則我便暫退一步（忍讓消氣），如此必將減少許多不必要的碰撞與摩擦。

●人際互動就像跳恰恰，要懂得「先退一步，再進兩步」：

當您打算「進一步」與他（她）建立關係時，千萬不要冒失躁進，這樣反而會弄巧成拙，激起對方的防心與反感；要懂得先採低姿態，先「讓一步」，使他感受到您的善意與禮讓，之後，您才有「再向前進兩步」的

可能。

常有人形容某些人的個性像極了「刺蝟」！意思是：這個人的個性彷彿渾身是刺，難相處至極！但話說回來，「刺蝟」又如何呢？只要您相處得宜，活用以上那三點「跳恰恰哲學」，那怕是再帶刺、再難相處的人，您也可以成功地「與刺蝟共舞」！

名人留言版

謙恭得體，是處世之良法。

～魏環溪

3 翹翹板互惠原則

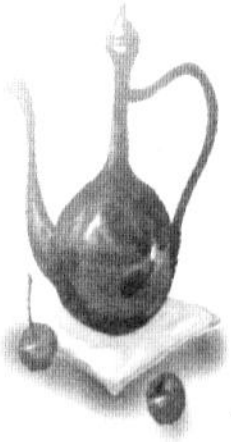

一個老愛佔人便宜，永遠不肯吃虧，不願讓步的人，即便真的討到了不少好處，但整個過程下來也絕對不會有真正的快樂。

彼特是一個會計師，一個滿懷雄心壯志的企業新貴。他時時提醒自己，凡事一定要懂得精打細算！絕對不能浪費任何資源，也不可放棄任何機會，唯一目標就是要讓自己隨時保持在優勢狀態，無論大、小事情，絕不讓人越雷池一步！他甚至還運用了一些神不知鬼不覺的手腕，把許多同

業給踩踏在自己底下，以確保自己的地位。

果然，彼特獲得了豐厚的薪資，佔盡了所有的好處，成了一個高高在上的商場大亨。可是，他並不快樂！總覺得在生活中好像缺少了點什麼，於是他越來越憂悶，越來越沒笑容，最後，他得了輕微的憂鬱症。

朋友介紹他去看一位心理治療師，治療師在了解彼特的情況後，只在他的醫囑上寫了一句話：「每天放下身段，去幫助一個週邊的人。」之後，便要他拿回去，兩個禮拜後再來回診。彼特覺得莫名其妙，但還是照著醫生的話去做。兩個禮拜以後，彼特回來複診，但這次，卻是堆滿了笑容推開門！「情況怎麼樣？」治療師問，彼特開心地回答：「真是太奇妙了！當我肯犧牲自己的時間、精力，試著去替旁人服務後，反而得到一種說不出來的欣喜感呢！」

俗語說「助人為快樂之本」，可不是嗎？人與人之間的互動，就有如坐翹翹板一樣！不能永遠固定某一端高，另一端低，就是要互有高、低之

時，這樣，整個過程才會好玩！才會快樂！

　　您不能夠老是擺高姿態，也不能夠老是讓對方卑躬屈膝地服侍您、成就您，久了，您也會覺得無趣、痲木。偶爾，也該換您放下身段去為其他人付出，換您降低姿態來讓別人光采。互有高、低，互有犧牲奉獻之時，這樣的日子才會充滿歡笑！就像開頭所言，一個永遠不願吃虧，不願讓步的人，即便真討到了不少好處，也不會快樂。因為，自私的人就如同坐在一個靜止的翹翹板頂端，雖然保持了高高在上的優勢位置，但整個人際互動卻失去了應有的樂趣，對自己和他人都是一種遺憾。

名人留言版

只要人人肯彼此服務，生活便充滿意義。

～加底納

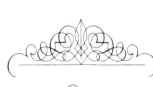

4 培養沒有優越感的愛

如果您問一百個人：「您覺得自己是一個有愛心的人嗎？」可能這一百個人都會說：「當然是！」但若您接著問：「您懂得如何去愛有需要的人嗎？」恐怕大部份的人將啞口無言，深陷沉思了！很多時候我們想愛，但卻不知如何表達愛，甚至弄巧成拙。

某天晚上十一點多，一輛251公車緩緩地駛入公館站，一位老婦人下了車，到了站牌繼續等待著。「好冷喔！是嗎？」老婦人問身旁的一位

男子，他回答道：「是啊！今天晚上冷死了！」「你要搭那一班車啊？」老婦人繼續問，男子回答：「哦，我搭１路，妳呢？」「我在等下一班２５１！」老婦人接著答。

男子驚訝地問：「等２５１？不會吧？！我看您剛剛才從２５１公車上下來啊！」

老婦人說：「是啊！可是我想讓座給那輛公車上的一位殘障青年。」

男子緊接著問：「讓座為什麼要下車呢？」

老婦人笑了笑答道：「因為我覺得那位殘障青年如果看到一個老人家讓座給他，自尊心一定會大受打擊！所以我故意在他經過我旁邊時，很自然地起身按鈴、提早下車，這樣既可讓他有位子坐，又可保護他的自尊心。」

這是多麼溫馨，多麼有智慧的舉動啊！

現在不妨再想一想那個問題：「您懂得如何去愛有需要的人嗎？」您

給人的愛與幫助，會不會在不知不覺中流露出一股無形的優越感，讓他人感受到一種「被可憐」的卑微感？要讓自己培養出「沒有優越感的愛」，不單要有愛的行動，更要有愛的藝術！才不致於適得其反。

名人留言版

要叫你施捨的事行在暗中。你父在暗中察看，必然報答你。

～《聖經》

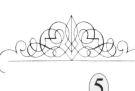

5 您的阿斯匹靈，可能是別人的毒藥

一隻松鼠正在樹上打著呵欠，懶洋洋地左看看，右看看，忽然看到不遠處的小河邊有隻猴子正在探頭探腦地看著地上的一條鯉魚，還不斷地用手壓著他。

松鼠趕緊跑過去：「喂!你在幹什麼?」猴子一本正經地大吼：「走開！」「你到底在做什麼？」松鼠焦急地問，猴子回答：「妳沒看到嗎？剛才這傢伙掉到水裡快淹死了，多虧我經過把他給救了上來，現在正在幫

他做心肺復甦術呢！」

哎！可憐的魚兒！我們不妨想一想，在日常生活中，您是否也像故事中的猴子，曾經用您認為對，或您認為好的方法來硬加諸在孩子、學生、家人、朋友……的身上呢？切記！您的「阿斯匹靈」，可能是別人的「毒藥」。

聖經上說：「**各人不要單顧自己的事，也要顧別人的事。**」（腓立比書二章4節）這裡的「顧」絕對不是一味地「管」，而是用心地去「關懷」，設身處地的站在別人的立場來揣摩其處境；將心比心地從別人的角度來了解其需要，並且認真思考真正對其有幫助的對待方式。

就像廚師所包出的水餃一樣，天父所創造出的世人也是每個都不一樣，每個人都有或多或少的差異，都有不同的特質，不同的理想，不同的背景，不同的恩賜，不同的 style。對您有好處的，對別人不一定好；對您是救命的良藥，對別人也許是致命的毒藥；您認為是加分的作法，套用

在別人身上可能反倒是扣分。

下次當您準備開口要求、數落別人之前，誠摯地建議您先安靜下來做一個禱告，不單為他（她）禱告，更是為自己禱告，求上帝賜您充足的智慧，知道怎樣客觀地「顧念別人的事」。

不妨再次思考前面文字所提出的問題：在日常生活中，您會否一不小心就成了那隻「救」魚的猴子呢？值得您深思咀嚼之。

名人留言版

一個客觀的傾聽者，不但到處受人歡迎，而且爲自己累積了許多知識。

～威爾遜

6 上帝的調色盤

要與一個和自己長處完全不同、行事風格迥異的人相處確是件「難」事，但卻也是件「美」事。

據說美國前總統林肯手下曾有一位處事作風與他截然不同的將領，且對他的領導頗為不屑，甚至還公開在其背後戲諷道：「嘿！同胞們！您們有看過非洲的大猩猩嗎？如果沒有看過的話，請到白宮看看那位林肯，長得也差不多了。」

然而林肯卻未曾對諸如此類的事情抓狂，反而拿出誠意來對待這位出現在他生命裡的不速之客。過沒多久，這兩個差異極大的政治人物不但盡釋前嫌，且在處理國事上合作無間、截長補短、相得益彰。到了西元一八六五年，林肯總統在一家戲院裡被暗殺身亡，所有同僚中哭得最傷心的，居然是當年這位曾經怒罵他像隻大猩猩的將領。

先不要去埋怨那些出現在您生命裡的不速之客，也許您們有完全不同的風格、截然不同的意見，甚至，他（她）常會做出一些令您咬牙切齒的事，但說不定他（她）其實是您生命中的「貴人」也未可知！

看過「調色盤」嗎？往往兩種完全不同色調，甚至是對比的色澤，一旦調和在一起，便會有意想不到的結果。暖度不同的紅色與藍色加在一起可調成象徵中東貴族的紫色；用途不同的土黃色與天藍色加在一塊則可配出令人心曠神怡的草綠色；就連毫不相干的橙色與綠色加在一起也可幻化成為耀眼奪目的金黃色。

您怎麼知道您與那些和自己截然不同，甚至曾經令自己心生反感的人們加在一塊兒時，不會揮灑出美麗的色彩呢？

任何一件事情若未經過上帝的允許，就絕對不會出現在您的生命中！包括身邊那些跟您迥異的人。試著多用愛來跟那些與您「顏色」不同的朋友們調和、共處，說不定上帝正準備提起筆，藉用您倆所調配出的顏色來畫一幅巨作，藉著您倆去完成一件美輪美奐的工程呢！

名人留言版

上帝的工作是叫人心合一，魔鬼的工作是要人心離異。

～倪柝聲

⑦ 溝通，就像打高爾夫球

有個口沒遮攔、神經大條的人到朋友家裡作客，兩人正坐在一塊兒敘舊，忽然一個小孩子開門走了進來，這人看了看立刻對朋友說：「喔！進來的這是誰家的孩子？我的天啊！長得真醜。」朋友當場面有難色，緩慢地回答：「這是我的孩子。」這人一聽驚覺不妙，但又不知該如何收場，情急中只得胡亂地接了一句：「哦？真的嗎？難怪！跟您當年簡直是一個模子印出來的啊！」整個約會就在尷尬中不歡而散。

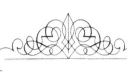

溝通，實在是最難修也最需要修的科目，弄得不好，很可能會釀出啼笑皆非的窘狀或是抱憾終生的誤會。巧的是「溝通」這玩意兒酷似「高爾夫球」，只要掌握幾個要點，包準您也是個溝通高手。

1.要看清楚竿洞的位置：

打高爾夫球絕不能隨便揮桿，亂槍打鳥，必須看清楚竿洞的位置才能一桿進洞。溝通也是一樣，特別是出外洽公、表達理念時，講起話來要抓住重點，釐清自己所要闡述的真正論點，不要東一句、西一句，然後湊起來毫不相關，這將大大影響話語的功效。

2.要拿捏適當的力道：

打高爾夫球不像打棒球，揮桿時有時要輕些，有時得重些，講究的是「巧」，絕對不能硬靠蠻力！溝通，也必須要拿捏住適當的「力道」，要拿捏住適當的語氣，不要一味地只想靠兇，靠衝，靠氣勢……在口舌上取勝，說話溫婉一點兒，巧妙一點兒，將使您的社交更無往不利。

3.要有足夠的耐心：

一場高爾夫球賽下來可能得花上大半天的時間在球場上待著，溝通不也如此嗎？特別是勸化人、開導人時。多少誤入歧途的青少年在師長不只一次的勸勉、疏導下重回正途！給別人一點兒時間，讓別人有時間與空間細細的咀嚼您的話，不需要硬逼著別人立刻對您的言語表態或認同。

溝通，就像打高爾夫球，要知所云，知輕重，知等候。期待在錯綜複雜的人際互動網中，您我都能成為談笑風生的老虎伍茲，連連得分！

名人留言版

當留心輕率的舌頭與快速的言論。

～羅炳森夫人

8 最大的善

有一個善良的國王，快樂地統治著一個太平的國家，唯一令他遺憾的是，他膝下無子。這天，國王從王室遠親中挑了三個具有皇族血統的年輕人進宮，準備從這三人之中挑選一位成為王儲。國王交待他們說：「我給你們七天的時間，你們去做一件善事。七天後回來將你們所做的事報告給我聽，誰做的善事最大，我將來就把王位傳給誰！」

很快地，七天過去了，那三個年輕人回到國王的面前。

第一個年輕人說：「我在半路上看到一個孤苦無依的窮婦人，我很同情她，於是便把身上所有的錢都給了她。」

第二個年輕人說：「兩天前，我拿著配劍在千鈞一髮之際救了一個險些被老虎給吃掉的孩子，自己手臂還受了傷。」

第三個年輕人說：「我在瀑布旁遇見一個我的仇人，當時他就快掉進瀑布了！我決定伸出手去救他。在我把他拉上岸後，他很訝異！我們聊了好一會兒，聊得很快樂！從前的誤會都化解了！現在，我們倆成了好朋友。」

國王一聽，馬上就決定立第三個年輕人成為王儲。

世界上最大的善是什麼？不是同情弱者，不是愛自己的親人，畢竟，這些都是人之常情。世界上最大、最難的善事，乃是敞開心胸，去幫助那些自己所討厭的人！

當您肯敞開心胸去幫助自己的仇人時，您將發現：自己不單單少了一

個敵人，而且還可能多了個朋友；不僅僅是對方驚喜、感動，就連自己的心也會因此而得著釋放與喜悅。

親愛的讀者，請敞開心胸，試著去幫助那些自己所討厭的人，因為這是最大的「善事」，也是最大的「樂事」。

名人留言版

對付仇敵最好的方法，就是饒恕他。

～林肯

9 家裡的E．Q

曾經在網路信件上瀏覽了一個發人省思的小故事，作者的身分雖已無法查核，但所透露的訊息卻值得我們每一個人深深咀嚼：

有一個男人為了參加第二天的小學同學會，特地上街買了一條新長褲。他回家穿上後，卻發覺長度多了十公分。於是請求媽媽替他改。

媽媽卻回答說，因今天身體有點不舒服，想早一點休息，今晚不能改。於是他改請太太替他改。

太太聽了回說，還有許多家事要做，今晚也沒有時間改。於是他又拿去改請女兒替他改。沒想到女兒也表示，今晚已跟男朋友約好去跳舞，沒有時間改。男子想一想，就心裡決定說既然如此，明天穿舊的長褲去參加同學會也可以！

當天晚上，他媽媽心想：「兒子平時對我很孝順，他開口要求總不好拒絕他。」於是，起來替兒子改長褲，剪短了十公分。

他太太稍晚做完家事心想：「老公平時很有耐心，今天他是因為不會縫針線才開口要求，總不好拒絕他。」於是也找了個時間替先生改長褲，剪短了十公分。

他女兒晚上回來：「爸爸不阻止我去跳舞，實在是開明的老爸，今天實在應該替他修改長褲。」於是替爸爸改長褲，剪短了十公分。

第二天早上，三個女人分別告訴男主人此事。他一試長褲，已經變成吊腳褲了。他的反應是哈哈一笑，說：「我一定要穿去給同學看，告訴他

們，我的媽媽、太太、和女兒對我多好。」結果，老同學們一致稱讚他家庭經營成功。他的媽媽、太太、和女兒也都很高興。

如果您是故事中的男人，當下您會做何反應？「哈哈一笑」抑或「破口大罵」？人，在面對外人時，總是可以表現得雍容大肚、心平氣和，但面對自己最親近的家人時，卻往往一點小事就足以令其皺起眉頭，甚至怒言相向。

如果形容人類是一種「出門高E・Q，回家低E・Q」的動物，我想一點兒也不誇張，多拿出一點耐心與幽默感給家人吧！否則您自己也不會快樂，不是嗎？

名人留言版

你從什麼樣的家庭來不重要，重要的是你建立一個怎麼樣的家庭。

～布特策

⑩ 成為別人的拐杖

「來來來，阿伯！恭喜明天要出院了哦！今天先拿枴杖走給我看好不好？」記得以前在醫院復健科實習時，若有病人將要出院，我總是會不放心地叮囑他（她）們先試著拿枴杖在病房的走廊上來回走個兩、三趟給我看，一方面，看看他們復原程度能否應付出院；二方面則是看其使用枴杖的行動情形。

有的人的枴杖好大一支，沒辦法，要不然就支撐不住其虛弱的身體；

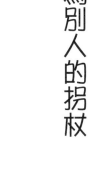

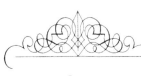

而有些身體較好、家境也稍富裕的病人，就會花錢去買那種裝飾別緻、造型典雅的枴杖，偶爾上面還會鑲顆瑪瑙，與其說它是醫療輔具，倒不如說是枝高貴的藝術品還恰當點！

看多了病人們步履蹣跚地使用枴杖，有時自己也會想：當別人有軟弱時，我能否成為別人的枴杖？當別人在信仰、感情、求學、成長……的路上快要跌倒時，我的話語與行為能否撐起灰心喪志的他（她），讓其可以繼續在人生的道路上勇往直前？

其實，只要您願意，您也可以「成為別人的枴杖」，您也可以成為別人軟弱時的幫助。

我很喜歡一首叫作《把冷漠變成愛》的詩歌，它的歌詞唱道：「您的眼，是否被太多美麗的事物迷惑？您的心，是否被太多紛雜的世俗綑鎖？分些關懷給角落中受傷的靈魂；分些愛給那些不起眼的面孔。以基督的心為心，以祂的眼看世界，您身邊的人要您我幫把冷默變成愛。」可不是

嗎？您身邊的人需要您我把冷漠變成愛，更需要您我將愛化作行動。

不過，要提醒您，枴杖就是枴杖，它是不會講話的，它不會開口說：「嘿！老頭兒！今天你能走路，我出的力可真不少呢！」同樣的道理，我們在扶助別人之後，也要有不邀功、不誇口、不張揚的美德，否則不但傷了受益者的自尊，更模糊了「助人」的真正意義。

名人留言版

只要有愛，其他的德行就能因而產生。

～芬乃倫

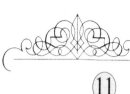

11 凡可恨之人，必有可憐之處

有句俗諺語：「凡可憐之人，必有可恨之處！」什麼意思呢？意思是說：為何一個人好端端地會處處碰壁？必定是因為他本身有重大的人格缺陷所導致，一切都是咎由自取！

然而這種說法未免太殘酷、太偏激，我喜歡把它給倒過來講：「凡可恨之人，必有可憐之處！」為什麼一個人會有那些令人討厭的行為呢？絕對沒有一個人會喜歡被人唾棄，之所以會有那些行為，可能是因為他沒有

您我那樣好的環境與呵護。如果我們看待那些得罪我們的人，能夠「少一分責備、多一分憐憫」，相信這個社會的氣氛會大不一樣。

我曾經有一位小學同學，他是出了名的一毛不拔鐵公雞，吝嗇、小氣總與他畫上等號。中午吃便當時，他會跑到其他同學旁然後看著他們的便當叫道：「哇！好大的雞腿喔！」然後呢？雞腿就已經飛到他的手上了。

出去玩，絕對不用想他會請客，甚至，他總是帶不夠錢，一定要賴著人家請他客。久而久之，他的朋友越來越少了！每個人都在說：「世界上怎麼有這麼吝嗇的人？把錢守得這麼緊！」

有一次，他忘了帶課本，要家人送來，我好奇地偷偷跟著這小氣鬼去瞧瞧，他媽媽哪有來啊？等了半天根本沒個人影。過沒多久，只見一個清道夫打扮的人，全身髒兮兮地走進學校，我全然不以為意，正準備轉身離開呢！豈料，他竟衝過去叫了那位骯髒的清道夫一聲「媽」！

剎那間我明白了一切。但我並不想戳破他的自尊，從那天開始，我沒

有一次再忍心讓他出錢。後來呢？我跟他竟成了班上最要好的朋友！

切記：「凡可恨之人，必有可憐之處！」為什麼某人的態度總是很衝？可能是他出自一個破碎、沒有溫暖的家庭；為什麼某人會喜歡佔人家小便宜？可能是因為他家境清寒，甚少吃過一餐好的；為什麼某人做事會漏洞百出？可能他沒有機會像您一樣接受良好教育；為什麼某人會喜歡到處批評？可能他內心深處滿是自卑與不安。

這樣的思考模式並不是要諸位對他人所犯的錯誤消極地姑息，而是積極地用愛包容、幫助、挽回。好叫您在面對那些令您咬牙切齒的人時，能夠少一分責備、多一分憐憫，少一分怪怨、多一分體諒。

名人留言版

千萬不要以為大家都跟自己一樣幸福，要常常體諒別人的不足與缺乏。

～巴克萊

⑫ 您，正在製造偉人！

您知道嗎？在不知不覺中，您可能正在為這個世界製造一位（些）偉人呢！

美國知名作家霍桑年輕時原本是一位平凡的上班族，這天，他一如往昔西裝筆挺地來到公司辦公，看見自己辦公桌上放了一封信，他微笑地打開它，然而信封裡裝的不是公文，不是價目表，更不是升遷訊息，面對他的，竟是一張解聘通知書。

他幾乎崩潰了！簡直不敢相信自己會成為美國經濟不景氣下的祭品。回到家，他完全不知該如何向妻子報告這個壞消息，而年輕的妻子卻已從他垂頭喪氣的神情中看出端倪，但卻默不作聲。

晚餐後，霍桑不得不把被解僱的事全盤說出，妻子聽完後點燃壁爐裡的柴火，讓屋子裡充滿溫暖，隨即轉身回房拿出紙、筆，溫婉地對丈夫說：「老公，你不是一直抱怨沒時間寫作嗎？現在我們可以一起完成你的夢想了。」

霍桑聽了好感動！經由妻子的鼓勵，他重拾了對自己的信心，過沒多久，這位失了業的小職員完成了一部震撼文壇的鉅作——《紅字》，一直到今天，霍桑的作品對美國文壇都仍具有深遠的影響力。

相信嗎？對您身邊失意的人說一些鼓勵的話，扶他們一把，將可能意外地為這個社會製造出一位（些）偉人！有句名言說道：「**要隨事說造就人的好話，叫聽見的人得益處。**」

人是一種需要「鼓舞」勝過需要「責備」的動物。一兩句振奮、關懷的話，不但可以讓失業的小職員變成大作家，也可能使壞學生變為優等生，小員工變成大老闆，平凡人變成大科學家……。當您的學生、您的孩子、您的家人、您的朋友……面臨人生的挫折時，您是用怎麼樣的態度來對待他們的呢？

切記！您，可能正在為這個世界製造偉人！提醒自己「隨事說造就人的好話」，使您身旁的人從新得力，您將是個不折不扣的Giant Maker（偉人創造者）。

名人留言版

把勇氣灌給灰心的人，強過征服王國。

～馬丁路德

⑬ 快快的聽，慢慢的說，慢慢的動怒

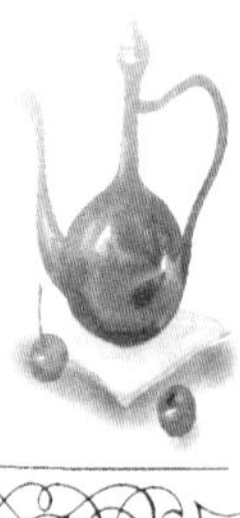

這天，王太太氣呼呼地打電話給還在公司裡辦公的老公：「你說！你是不是在外面跟別的女人勾三搭四！？」王先生一臉無辜：「沒有啊！那有？」王太太接著說：「還敢說沒有！剛才孩子打你手機，結果是個女的接的電話！」王先生說：「這怎麼可能？我剛才手機根本沒開機啊！」王太太更火了：「沒開機？少騙我！孩子才這麼小，他會說謊嗎？氣死我了！」嘟-嘟……」話還沒說完呢！王太太就已氣得掛上了電話。

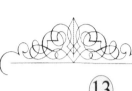

吃晚飯時，帶有嫌疑的王先生回到了家，家裡的氣氛異常凝重，王太太更是氣得兩眼怒視，無論王先生怎麼解釋，王太太就是不聽。

這時，他們那正在玩電話的孩子，忽然大叫：「媽咪！爸爸的手機又是那個年輕阿姨接的電話喔！」王太太立刻一個箭步衝上前，搶過電話，正準備「活逮」這個「狐狸精」，豈知，電話那頭的「阿姨」卻傳來：「您的電話將轉接到語音信箱，如不留言請掛斷，快速留言，嘟聲後請按#字鍵……。」

王太太頓時尷尬得不知所措。

我很喜歡聖經上的一句話：「你們各人要快快的聽，慢慢的說，慢慢的動怒。」這雖是一句看似極平凡的話，但卻妙用無窮。然而，我們卻往往背道而馳，變成「慢慢的聽，快快的說，快快的動怒」！

就舉故事中的王太太為例，如果她能夠「快快的聽，慢慢的說，慢慢的動怒」，也許，一場因著電話語音所產生的尷尬誤會，就不會發生了！

不是嗎？

「快快的聽，慢慢的說，慢慢的動怒」，期待這簡單的十三個字，能成為您我日常生活中自我勉勵、自我提醒的座右銘。

名人留言版

愚妄人怒氣全發；智慧人忍氣含怒。

～所羅門王

14 做人，是在為自己的失敗買保險

有隻狐狸驚慌失措地跑進一個村落裡，他喘得上氣不接下氣，四肢發軟，好不狼狽。枝頭上一隻鸚鵡看到了，便問道：「狐狸先生，您這是怎麼了啊？」狐狸一臉慘淡，喘吁吁地講：「後……後面有一大群獵犬在追我！」

鸚鵡聽了心急地大叫：「哎呀！那你趕快到村口那位薛大嬸的屋裡躲一躲吧！她人最好，一定會收留你的！」狐狸一聽：「薛大嬸？不行！前

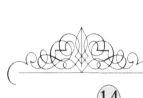

兩天我偷了她雞舍的雞被她知道，她不會收留我的。」鸚鵡想了想，又說：「沒關係，石樵夫的家離這裡也不遠，你可以趕快跑去他那兒躲起來呀！」狐狸卻說：「石樵夫？也不行！七天前我趁他上山砍柴時，偷吃了他女兒養的金絲雀，他們一家都痛恨我呢！」

鸚鵡又說：「那麼，你去投靠莊大夫吧！他是這村裡唯一的醫生，非常有愛心，一定不忍心看你被抓。」狐狸尷尬地說：「那個莊大夫嗎？上次我到他家裡把他存的肉片給吃得一乾二淨，還把他院子裡種的鬱金香給踩爛了！我沒臉再回去找他。」鸚鵡無奈地問：「難道這個村裡都沒有你可以信賴的人了嗎？」狐狸回答：「根本沒有！都被我得罪光了啊！」

鸚鵡搖搖頭，嘆了口氣說：「唉！這麼說真是誰也救不了你了！」最後，這隻平日耀武揚威的狐狸，就這麼成了獵犬的戰利品。

沒有人的一生可以永遠一帆風順，沒有一個人可以保證自己永遠高枕無憂，就像故事中的狐狸，平日再風光、再得意，總有一天都有可能面臨

種種的失敗與危機，當您失敗時，您有朋友可以扶您一把嗎？您身旁的人是會熱心地伸出援手，抑或冷漠地袖手旁觀呢？

做人，是在為自己的失敗買保險！您平時怎樣待人，決定了您失意時別人會怎樣待您，您失意時別人會怎樣待您，決定了您的失敗將「敗」得多慘。

當然，您不必做一個是非不分，四處迎合的鄉愿，但下回當您情緒中的「老我」準備大發雷霆、刁難他人時，不妨提醒自己一下，給自己踩個煞車，別把話給講死，別把人給做絕了！否則下回當您有求於人時，您將變成那隻求助無門的可憐狐狸。

名人留言版

待人好便是對自己好。

～富蘭克林

15 負負不得正

當別人犯錯，用一種錯誤的方式來對待您時，不代表您也可以理所當然地選擇以同樣的模式來尋求解決，因為這麼做只會造成惡性循環！

有一個剛入伍的年輕人，因為他是一位虔誠的基督徒，所以每天晚上就寢前都會跪在床邊禱告，然而此舉卻被其他的阿兵哥給視為異類，每當他禱告時，總是不免要被冷嘲熱諷一番，而他並沒有選擇臉紅脖子粗地「護教」，只是默默地以微笑回應。

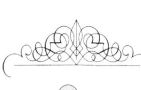

這天，其中的一個阿兵哥見激他不成，索性就把剛剛行軍穿完的臭襪子往他臉上扔，嘴裡還譏諷著：「嘿！呆子。」襪子無情地打在他的臉上，他先是一愣，之後便撿起它，並安靜入睡。其他人均想：「這下子他一定火大了！且看明天他要怎樣對付那傢伙。」

隔天，這位當兵的基督徒走到那位拿臭襪子扔他的阿兵哥面前，那阿兵哥立刻繃緊了身上每一條肌肉，心想：「待會兒免不了一場硬架了！」豈料這位年輕人竟是笑瞇瞇地對他說：「朋友，您的東西掉了！還給您。」那阿兵哥接過來一看，正是他昨天所扔出的那雙襪子，不敢相信的是，對方還將它們洗得乾乾淨淨，並禮貌地還給自己。

此舉震憾了在場每一個人的心弦，從此，每當這位基督徒要禱告時，不但眾人不再鼓譟，甚至還會說：「噓！他要禱告了，小聲點。」全班的士兵不但不再惡整他，反倒還有一大半因著他而開始接觸基督信仰。

當別人用一種「負面」的方式來對待您時，倘若您也以牙還牙地以

「負面」的態度來做回應，那麼最後不但得不到「正面」的結局，反而會讓彼此的誤會與芥蒂越加越深！相反地，換一種心態來面對您的敵人，必會有意想不到的驚喜。

也許您不是基督徒，但聖經上有一句話非常值得您我省思、參考，這句話是：「不以惡報惡，以辱罵還辱罵，倒要祝福……，好叫你們承受福氣。」（聖經彼得前書三章9節）可不是嗎？在人際互動間，「負」乘「負」是永遠不會得出「正」來的，弄得不好，更將爆發難以收拾的衝突，唯有用柔和代替暴怒，以祝福代替詛咒，凡事多包含、多讓一步，您才會活的得意、活的得益。

名人留言版

以牙還牙，最多跟對方打成平手；以德報怨，卻可讓對方感激終生。

～潘威廉

16 話講八分滿

話講十分做八分，不但未必能聲先奪人，反而會讓旁人事後有不過爾爾的負面評價；倒不如話講八分做十分，不但不會言過其實，多出來的那兩分說不定還可以為您贏得人們的驚嘆與喝采。況且，話說得太過頭，往往還會衍生出許多原本可避免的人際問題。

老黃是某貿易公司的職員，他有個老毛病，總是講話不經考慮。這天，老闆要他在三天之內寫一份企劃案，他一聽後立刻拍拍胸脯保證：

「企劃案啊！簡單，沒問題啦！我後天就可以寫出來給您了！」然而，一天過去了，二天過去了，一直到三天都過去了，卻都還不見老黃交出那份「傳說中的企劃案」，等到第五天，他終於交出來了！但卻是漏洞百出。

過沒多久，他與一位同事因事務上的往來而起了點小磨擦，他便公開大罵：「像他這種人！我絕對不再跟他有任何交集，絕對不！否則我寧可辭職不幹了！」孰料？那位被他罵得一文不值的同事不久之後因著上司的提拔，升了該部門的主管，底下所有員工的公務往來都需經過他，大家都在笑著等看老黃要如何「絕對不再跟他有任何交集了」！

話可千萬不要講得太滿，誠如聖經所說：「不要為明日自誇，因為一日要生何事，你尚且不能知道。」無論做事、做人，都要在說話時給自己留點餘地，否則您必將懊悔不已。

誇口時，少說兩成，免得自己事後達不到目標，被搞得貽笑大方、狼狽不堪；吵架時，少講兩句，免得話講絕了，到時候想跟對方重修舊好也

找不到台階下；罵人時，少罵兩分，說不定人家日後發奮圖強、改頭換面，成就反而遠遠超過當年瞧他（她）不起的人呢！

「話講八分滿」不是要您攻於心計，而是教導您我凡事都得多留點空間，一方面可讓自己對曾說出口的話負責，二方面也可保護自己不受傷害。所羅門王說：「多言多語難免有過；禁止嘴唇是有智慧。」（箴言十章19節）您是智慧人嗎？關鍵就全在於您能否節制自己的言語了！

名人留言版

人是未說出口之言語的主人，卻是已說出口之言語的奴隸。

～亞理斯多德

17 說話不帶刺

有個小故事說，上帝非常喜歡吃蜂蜜，深深覺得蜂蜜真是這個世界上最甜美不過的食物了！有一隻蜜蜂旁敲側擊地探聽到了這個消息，便千方百計地去採了一罐罐的蜂蜜來獻給上帝品嚐。

上帝看了好欣慰！便對那隻蜜蜂說：「小蜜蜂啊！你真是讓我很感動，我也想回送你一份禮物，告訴我你想要什麼吧？」

蜜蜂思考了一會兒，深呼吸了一口氣，嚴肅地說：「長久以來，我軟

弱的身體生活在大自然裡不斷受到其他動物們的威脅！我根本沒有防衛自己的能力，一直處在恐懼與不安當中。所以，請您賜給我一根刺！一根含有劇毒的毒刺！讓我可以狠狠地對付我的敵人！」

上帝皺起了眉頭，沉思了半晌，才答應蜜蜂的要求，不過祂也再三叮囑蜜蜂說：「我答應賜給你所求的毒刺，不過你要記得！當你用它刺向對方時，雖然可以造成莫大的傷害，但這根刺也會留在對方的體內，而你也將會因為失去了它而有生命的危險，知道嗎？」

說完上帝便把蜜蜂要的毒刺賜給了他。臨走前，上帝仍然不放心地交代著：「千萬記得喔！這是一種自殺式的作法，對自己也會構成傷害，不可以亂來哦。」

而這也就是為什麼今天您我所看到的蜜蜂屁股上會有根刺的原因了！

這則有趣的童話故事讓我聯想到了所羅門王曾說過的一句哲理：「說話浮躁的，如刀刺人；智慧人的舌頭卻為醫人的良藥。」（聖經箴言十二章

18節）的確，每個人都有一張自由的嘴巴，您可以用它來讚美，也可以用它來「對付您的敵人」！後者的確可讓人一時之間獲得相當「爽快」的感覺，但套句上帝對蜜蜂說的話：「這是一種自殺式的作法，對自己也將構成傷害。」

怎麼說呢？一個說話帶刺的人將對己身造成以下的傷害：

- **得不到快樂**：罵人所得到的「爽」是短暫的，隨之而來的將是伴隨仇恨而生的更多苦毒與惱恨。
- **得不到友誼**：一個說話刻薄的人將讓人對其望而卻步。
- **得不到進步**：罵人可以得到一時的舒坦，但對於自己的人品與修養的提升卻毫無幫助。

看過金庸武俠小說的讀者一定知道裡頭有種功夫叫作「七傷拳」，在小說裡這種武功雖然所向無敵，威力無窮！但在傷人之際，自己體內的臟腑也會先受損，意即先傷己、後傷人。親愛的朋友，當您說話帶刺地去到

處損人批判時，您已在無形中打起「七傷拳」了！縱然可以有效地打擊您討厭的人，但對您的情緒、您的形象、您的修養，都將有相當負面的影響。划得來嗎？相信聰明的您心中已有了答案。

所羅王更提到，「智慧人的嘴必保守自己。」（聖經箴言十三章3節）願我們嘴中所出的言語，都是幫助人的好話；惡毒之語，絕不出口。

名人留言版

人有兩目但僅一舌，故開口前應再多看一眼。

～哥爾頓

18

「趴趴熊」生活智慧

「咦?這隻熊貓怎麼扁扁的?」我指著朋友背包上的掛飾好奇地問。
「哎呦!你真是的,他的名字叫『趴趴熊』。」她半「虧」半耍可愛地回答著,接下來就看到我一臉疑惑地摸著後腦杓呢喃道:「趴趴熊?」

自從那次對話之後,我開始注意到生活周遭越來越常出現牠們的身影,小至茶杯、手錶、滑鼠墊,大至枕頭、寢具、衣物等等,可愛的牠們似乎已決定舉族搬進都市裡,與二十一世紀的人類一塊兒生活。

至於牠們為何如此受歡迎？就得問您或您身旁那些滿佈「趴趴熊」的人了！雖說「趴趴熊」不是什麼大哲學家、大思想家，然而從牠們身上我們卻可學習到許多寶貴的生活智慧：

●學習趴趴熊，用心經營親子關係：

在許多趴趴熊的圖案裡，經常可以看到那可愛的小玩意兒輕輕地趴在他媽媽的肚皮或背上，還不時彈來跳去，好溫馨，也好有趣。

想一想，您近來與您父母、孩子的關係如何？您有多久沒向他（她）們說聲「我愛您」了？有多久沒有向他們用動作或言語來表達您對他們的愛了？多用「愛」經營您的親子關係，您的家庭生活會更美滿。

●學習趴趴熊，懂得輕鬆easy過日子：

瞧，那些「趴趴熊」不管是泡湯、喝茶、寫字、看書……，總是那樣輕鬆，那樣自在；反觀萬物之靈的人類，卻往往愁雲慘霧、眉頭深鎖。還記得一句名言嗎？「當將你的事交託耶和華，並倚靠他。」（聖經詩篇卅

七5節）只要您懂得「交託」，那怕眼前有再大的挑戰，您照樣可以每天輕鬆度日。

● 學習趴趴熊，展現柔軟的身段：

聖經上教導世人：「只要溫溫和和的待眾人，善於教導，存心忍耐。」（聖經提摩太後書二章24節）您是否已習慣了用剛硬、批判的溝通方式來表達您的意見了呢？學習身段放柔軟些，您將會有意想不到的收穫。

下回當您再在茶杯、滑鼠墊、枕頭、衣物、雨傘上看到「趴趴熊」和牠的族人們時，別忘了順便提醒自己將以上三則生活智慧一併融入您的生命裡。相信過沒多久，別人眼中的您必然也會變得越來越可愛！

名人留言版

真正的美德有如河流，越深越無聲。

～哈利法克斯

19 有時候您贏了，但其實您輸了！

一對年輕的夫婦正在所租的小套房裡為著添購新家具的事情而鬧彆扭，女的口才犀利，男的剛毅木訥，過沒多久作老公的就已處於挨轟的態勢。不一會兒，兩個人都嚷得精疲力盡、說不出話來，這時前幾分鐘一直被迫採低姿態的先生忽然開口了，他感慨地對他所愛的老婆說：「老婆，就算妳講的全都對，但為了辯贏我而毀掉一整個晚上的氣氛，值得嗎？」

「為了辯贏我而毀掉一整個晚上的氣氛，值得嗎？」雖是短短的幾個

字，卻多麼值得我們這些講求「贏」為目的的現代人省思啊！

我很喜歡一句名言：「有時候您贏了，但其實您輸了！」可不是嗎？有時候您贏了面子，但其實您輸了感情；有時候您贏了口舌，但其實您輸了形象；有時候您贏了好處，但其實您輸了友誼……，總之，有時候您看似贏了，實際上您卻輸了！

待人處世固然應該「據理」，但卻不一定要臉紅脖子粗地在那兒「力爭」！理直氣「和」的態度絕對比理直氣「壯」更易為人所接受。

這世界上有四種人：第一種人，沒有立場，不講道理，態度也不好；第二種人，沒有立場，不講道理，態度卻很好；第三種人，有自己的原則，也很會講理，但表達方式卻很「衝」；第四種人，很有立場，很講道理，溝通方式也很溫和。

如果將這四種人各配上一個形容詞，我們可以說：第一種人，是徹底的「可憐人」，因為他將一無所有；第二種人，是鄉愿型的「濫好人」，

因為他實在缺乏立場；第三種人，是橫衝直撞的「機器人」，因為他雖然邏輯無礙，卻不懂得與人相處的藝術；第四種，是「最可愛的人」，因為他們就像是天使一般。

在這個世界上，唯有成為「第四種人」，您才會是一個真正的贏家！在人際互動間，您會顧此失彼嗎？您常「看似贏了，但卻輸了」嗎？實在值得您深思咀嚼之。

名人留言版

做人不講理，是一種缺點；做人硬講理，是一個盲點。

～佚名

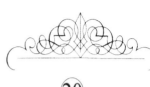

20 人格的信用卡

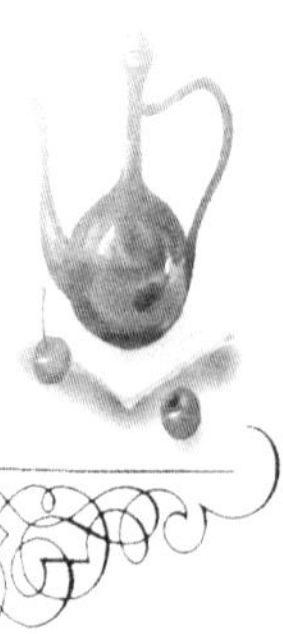

每個人一出生，都有一張信用卡，它的名字叫「人格」，這張信用卡可以替您擔保許多事，比如預支許多承諾啦！而且如果您重誠信、守然諾，那麼它將為您在人際往來間帶來數不盡的方便；但如果您一不小心，把它給「刷爆了」又無法「償還」，那麼您也將失去所有人對您的信賴。

有個故事是描述某出版社的一級主管約翰，他人很老實，作風也很海派，但就是在言語上常失去分寸。作者詢問新書什麼時候可以上市，約翰

為了答得漂亮，就信誓旦旦地說：「快了，快了，已經在印刷了，下週就可上市。」但實際上，卻是根本連排版都還沒做完；同事約他出去吃飯，他總是一口答應，但卻每次都因不同的理由而遲到、失約；教導孩子時，他總是說：「如果你可以……，那爸爸就帶你去……！」但到最後卻總是不了了之。

最後，他失去了所有書商與作者的信任，失去了與老同事間原本該有的革命情感，也失去了孩子對他話語上的信服，甚至還讓孩子因而有樣學樣，成為一個習慣性空口說白話的人。

以上的故事點出了信用對一個人的重要，您是一個有信用的人嗎？這裡提供您四個方法，可讓您不失信於人：

- **開口之前，想一想：**

先靜下心來想一想，您目前的實力，及您所陳述之事件的進展，真能

保證您將講出的那句話必然實現嗎？

● **開口之時，慢一慢：**

除非您真的胸有成竹，否則少用「一定」、「絕對」、「我擔保」……這些快人快語式的篤定字眼。

● **開口之後，修一修：**

剛才講的話有否過滿？如果有，趕快在第一時間內修正，或是加上但書，如果留到事發之後再「補充說明」，則未免有馬後炮之嫌，一切為時已晚矣！

● **開口之後，動一動：**

一個人如果答應了一件事，卻遲遲不去做，或是一拖再拖，那麼不出三次，您話語的權威性與可信度就會大打折扣了。

人格，就像是一張信用卡，可以作為您預支諾言的擔保，這張信用

卡，您「刷爆了」嗎？您的人格會否已經或是正在邁向破產的窘境，但您卻渾然未覺呢？也許您是無心的，但千萬不要忽略了「失信」對您人格形象的殺傷力！它足以使您的話語日後被旁人視如無物。

名人留言版

當留心輕率的舌頭和快速的言論。

～羅賓森夫人

一個人做事的態度，決定了他日後成就的高度。《心靈的蛋糕》與您分享包括：人生，該是「進步＋ ing」、「十個60分，不如六個100分」、「跳出原先的框框」等讓您兼顧穩紮穩打與出奇致勝的做事態度，試試它們，您在工作上將有意想不到的驚喜。

3. 心靈的蛋糕～

做事的態度，

決定了您成就的高度

① 人生，該是「進步+ing」

人生，不一定要當「最好」，但一定要懂得讓自己「更好」；不一定要登峰造極，但一定要懂得讓自己保持在進步的狀態中。

曾經聽過有一位老太太，在她六十八歲的生日派對上如此許願著：「我四十歲學彈鋼琴（現在她老人家已可以在教會中擔任司琴），五十歲學英文（她已可以用英文與外國人對話），六十歲學開車。現在我已經六十八歲了！如果上帝讓我活到七十歲，我一定要開畫展。」

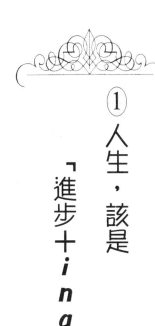

多麼讓人佩服的態度，不是嗎？人生，該是「進步＋ing」（現在進行式），而不應是「進步＋ed」（過去式）或「be going to ＋進步」（未來式）；該是把握現在，懂得不時地保持在上進狀態，絕不因時間或任何的關係而停止努力，或是一再地告訴自己「反正明天再開始也不遲」。

想一想，如果一位六十八歲的老太太都可以如此上進，那您呢？您是一個懂得讓自己不斷進步的人嗎？在此提供您兩個小小的妙方：

●每天去做一件自己雖不喜歡，但卻有意義的事：

每天做十分鐘的運動，每天背十個英文單字，每天讀一小段最新的專業期刊，每天饒恕一個自己不喜歡的人……。這些事您也許不喜歡，但卻很有意義！不用太久，您的身體、知識、修養、專業能力……，必會有迅速驚人的進步。

●常把目標給設定在比自己現有能力再多出10％的地方：

做一件事時，除非事關重大，否則在此誠摯地建議您，不妨試著把目

標給設定在比自己現有能力再多出10％的地方。也許一開始會累一些，但久而久之，您的能力就會被多「練」出10％，習慣這樣的程度後，再把標準提高10％……，長期累積，您將在不知不覺間，變成一個巨人！

一個懂得不斷更新、上進的人，不但令人欽佩，也會在這蕭條的年代裡，較不易面臨被不景氣給淘汰的壓力。您的人生，會是「進步＋ing」嗎？昨天的您、今天的您、明天的您，三者能連成一條向上攀升的曲線嗎？值得您我共勉之！

名人留言版

斧頭雖小，但多劈幾次，就能將堅硬的樹木伐倒。

～莎士比亞

② 關鍵不在「力量」，而在「雅量」！

一個人是否活得成功，關鍵不在他的「力量」，而在他的「雅量」！

艾森豪將軍曾有個參謀，經常與他意見相左，看法迥異。

有一天，這位參謀決定請辭。艾森豪問他：「為什麼突然要走呢？」

參謀老實地回答：「我和你常意見衝突，你大概不喜歡我，與其等著被你開除，還不如我另謀出路算了。」

艾森豪聽後很驚訝，說：「你怎麼會有這種想法？如果我有個跟我意

見一模一樣的參謀，那麼我們兩人當中，不就有一個人是多出來了的嗎？這有什麼意義呢？」最後，艾森豪把參謀給勸留下來。就是這樣的雅量，讓艾森豪將軍身邊永遠充滿著各種集思廣益的觀點，進而使他成為美國史上最成功的將領之一。

這讓我聯想到，很多時候，人們看待旁人的話，就像人們看待「天氣」一樣！每個人都喜歡那些聽來像太陽一樣充滿溫暖、充滿鼓舞的「好」話，沒有人天生會去喜歡那些如陰雨般，聽完好似一盆冷水澆下來的「壞」話。

然而，「好」話聽多了，是會釀成「災情」的！還記得前一陣子台北市因不雨而數度瀕臨限水的窘境嗎？過多如陽光般的讚美與褒揚的好話，往往會讓一個人滿於現狀，驕傲自大，迷失自我，看不見自己的缺點，進而使自己的內在為之乾涸；有的時候，還是得有人來場「及時雨」，還是得有人在您我樂陶陶之餘，講幾句當頭棒喝，用心良苦的「壞」話，適時

地澆一桶冷水，才不致使我們迷失了自我。

成功，除了「力量」以外，更需要「雅量」！在您所結交的朋友裡面，有沒有幾個，是真正誠心的益友？會在您被好話給弄得昏頭轉向時，澆幾桶冷水，來幾句不好聽的壞話，以防您釀成「災情」的呢？還是那些人早已被您給摒拒於千里之外了呢？

名人留言版

驕傲只啓爭競；聽勸言的，卻有智慧。

～所羅門

③ 態度，決定了你的高度

希臘漁業鉅子查里曼小時候因為家境清寒，所以從十歲起就在一座臨近塞亞灣的小城市——卡拉馬自立耕生，當起腳踏車店裡的小學徒來。一天，一位熟客來店裡牽回因爆胎而送修的腳踏車，恰巧這部腳踏車就是查里曼負責修理的。

「咦？」這位顧客看著腳踏車猶豫了一下，不久後臉上的狐疑頓時轉成喜悅：「小弟弟，謝謝你啊！不但幫我補了輪胎，還把車身擦得煥然一

新，連我自己都差點兒認不出來了！」

其他的學徒見狀後立時聚在一起七嘴八舌地討論著：「欸！有必要嗎？這新來的查里曼吃飽撐著啊？」「我看他啊！老實過了頭！人家只付他補車輪的錢，他擦什麼車身啊？」「這麼笨的頭腦，我看一輩子也不會出人頭地了！」

然而幾年之後的結果卻完全出乎眾人意料之外，那些叨三唸四的學徒們依舊在卡拉馬市的那家舊腳踏車店裡做工，反倒是查里曼，已成了名揚工商界的商場名流！

一個人做事的「態度」，決定了他日後成就上的「高度」！唯利是圖，得過且過的做事態度，只能夠嚐到一些小甜頭；而腳踏實地，用心用情去做事，也許看似累了些，但往往會有意想不到的驚喜！

這讓我聯想起了聖經上的一句話：「為什麼不情願吃虧呢？」（聖經哥林多前書六章7節）可不是嗎？人，常會去貪那一點蠅頭小利，或搞些

投機的小動作，這麼做也許可以獲得一時的輕閒與利益，然而卻也會讓一個人失去了從小事中累積經驗的機會，以及在實作中磨練能力的契機。

「態度」，決定了你的「高度」！對於一個懂得用心付出的人來說，很多時候，吃虧反而會變成佔便宜。您，是用怎樣的態度去面對那些生活中的大小事物的呢？

名人留言版

每個人都是自己命運的製造者。

～斯退爾斯

④ 成功，除了努力以外，更需要方向

一隻生長在山東渤海口的小魚，牠一直有個心願，那就是牠要一路游到山頂。不久後，小魚開始了山頂之旅，首先牠逆向而行，憑藉著精湛泳技，一會兒衝過淺灘，一會兒劃過激流，穿越了層層漁網，躲過水鳥的追蹤。好不容易，他游到了山頂！但在他還來不及喘口氣時，剎那間，小魚已被凍成了冰！

一萬年後，一群登山隊員在山頂上的冰封中發現了他，立刻有人認出

了這是產於渤海口的魚。

一位年輕人讚道：「真是一隻勇敢的魚啊！穿越千川萬水來到一個截然不同的環境，了不起！」

一位老者卻說：「不！牠只有偉大的精神，卻沒有偉大的方向，所以只能換來死亡。」

的確，想要成功，除了「努力」以外，更需要「方向」！很多人會選擇不斷地換跑道、換環境、換工作，或是拼命地勞碌奔波，勇往直前。這樣的態度並不能算錯，但有時不妨請暫時放慢腳步，思想一下：這條路真的是我「想」走的嗎？這條路真的是我「該」走的嗎？抑或真的是「適合」我走的嗎？如果走錯，甚至走反了方向，不但到不了目的地，反而會離您的理想與抱負越來越遠！甚至一敗塗地！！

聖經中有這樣的一句話：「世人行動實係幻影。他們忙亂，真是枉然。」（詩篇卅九篇6節）在這個腳步急促的時代，期待您我都是一個忙

而不「茫」，忙而不「盲」的現代人。

名人留言版

人的最大需要，是明白什麼是他的最大需要。

～孔仲尼

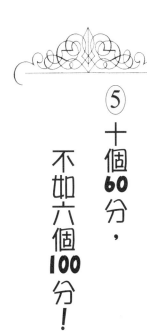

⑤ 十個60分，不如六個100分！

阿明，是個出版社的編輯，他實在是個好人中的好人，對於同事的要求總是義不容辭地一口答應。「哦？校稿啊？好好好！我幫忙。」「聯絡作者是嗎？沒問題，我來替妳做。」「跑印刷廠嗎？來來來，東西放著，我等一下再一起送去！」

甚至，年輕志大的他，還主動向老闆毛遂自薦：「老闆，我想負責×××，我還要規畫×××，我還要……。」有志於出版業的他一心想著，

只要多做點事，一定可以讓他在出版界更快地嶄露頭角。一開始，體力過人的他尚可應付，但兩個月後，他開始吃不消了！開始感到有些喘不過氣來；三個月後，他已開始每天頂著一對熊貓的黑眼圈去上班了。

半年後，公司公佈業績，他，公認是瑣務最多的人，但，卻是項項成績慘不忍睹，一塌糊塗。聽來叫人實在覺得惋惜，不是嗎？

很多時候，「質」遠比「量」重要得多，與其拿十個六十分，還不如得六個一百分！可能您會問：「有什麼差別嗎？不都是六百分嗎？」喔！差別可大了，如果您做的事雖雜，但卻每件事都半調子，勉強過關，別人充其量不過看您是個「做事六十分的人」；相反地，若能不貪心，集中精力，把份內該做的事先做得盡善盡美，則別人看待您，就會是個「做事一百分的人」！

十個六十分，不如六個一百分！無論您是學生、教師、上班族……，同樣的氣力，寧可把份內的義務先盡完，千萬不要貪心地每件事都想做，

卻又每件事都只做得馬馬虎虎，差強人意，如此不但對不起自己，更對不起您身旁的人。

名人留言版

不輕言推託，也不輕言接受一個職務。

～泰勒

⑥高・低・大・小

在這個世界上要活得快樂、活得成功，必需要有「高、低、大、小」四種生活態度，才能夠在待人與做事兩方面左右逢源。這四種生活態度分別是：目標高一點、姿態低一點、肚量大一點、嘴巴小一點。怎麼說呢？

● **目標「高」一點：**

把目標訂得比自己現在的能力再高出一點點（但不要高出太多），才

能給自己一點挑戰性，也才有可能激發出自己隱而未現的潛力。舉例來講，您的能力可以把某件事給做到七十分，試試看，把標準提高到八十分吧！雖然一開始會比較累，但假以時日，您就會從一個能力七十分的人蛻變為一個能力八十分的人，就會讓自己多成長了十分！

人如果只去做一些早在自己能力範圍之內的事，就永遠不必想有任何的進步與突破！

●姿態「低」一點：

姿態低一點點，不要太過心高氣傲，正所謂「驕傲來，羞恥也來」！一個傲慢自大、不可一世的人，總有一天會在陰溝裡翻船。

此外，姿態低一點點，不要太早畢露鋒芒，也是一種「保護自己」的作法。古人云防人之心不可無，不要太早讓人看透了您的抱負與真正實力，以免人家起妒心，先行將您給圍剿、解決了！學著在平時鋒芒內斂，

等到關鍵時刻再跳出來嶄露頭角也不遲。

● 肚量「大」一點：

肚量大一點，受益最多的不是別人，而是自己；不但別人舒服，自己心裡更舒服！相反地，一個人若一天到晚記恨，不單是跟他（她）相處的人覺得不痛快，就連自己也會在恨的流沙中越陷越深，無法自拔，痛苦萬分！肚量大一點，對大家都好。

● 嘴巴「小」一點：

不要隨便打斷別人的話，不要亂傳未經證實的話，不要亂說不造就人的話，不要輕易向不可靠的人訴說您的失意事，總而言之，適時地讓自己的嘴巴小一點，絕對是件利人不損己的事。

且讓我們一同謹記「高、低、大、小」四種生活態度，若真能作到「目標高一點，姿態低一點，肚量大一點，嘴巴小一點」，則您的生命必

將更進步、更為圓融。

名人留言版

您的今天會如何，完全取決於您選擇怎樣活！

～吳漢斯

7 三招走天下

曾經有一位男子問名佈道家葛理翰說：「牧師，我快受不了了！這一年我已換了五間教會，但每間教會都各有極其差勁的地方。哎！有沒有那一個教會是零缺點的呢？我想換到那裡去聚會！」葛理翰牧師聽完後，幽默但不失寓意地說：「世界上沒有一個教會是完美的，如果真的有，那麼它也將因為您的加入而出現瑕疵。」

其實，如果您覺得您所處的教會、學校、職場、社團……不完美，也

不必太意外，因為包括您我在內的每一個人都不是完美的，甚至有時我們自己就是那個製造不完美的人！建議您不妨試著調整自己，讓自己懂得更有藝術地去處理天底下的一切大、小事物，提供您三招：

●有「禮」行遍天下：

很多時候不是您的能力不行，不是您的觀點錯誤，而是您表達的態度錯了！充滿否定句與命令句的溝通方式給人一股被侵略感，進而使您遭到眾人的孤立。聖經上說：「人的高傲必使他卑下；心裡謙遜的，必得尊榮。」（箴言廿九章23節）有「禮」行遍天下，是助您行走天下的第一招。

●有「裡」行遍天下：

聖經上說：「不要貪圖虛名。」（加拉太書五章26節）不要一味追求外貌、追求名氣，唯有充實自己的能力，做一個真正有料、有「裡子」的

人，才能禁得住真考驗，否則就會像一堆五顏六色的包裝紙包著個空紙盒般，毫無意義。有「裡」行遍天下，是助您行走天下的第二招。

●有「理」行遍天下：

聖經上說：「兩樣的法碼，兩樣的升斗，都為耶和華所憎惡。」（箴言二十章10節）標準不一、不講道理的人不但得不到上帝的賜福，也得不著眾人的心服。有「理」行遍天下，是助您行走天下的第三招。

祈求上帝讓我們自己成為一個有禮貌、有內涵、講道理的人，畢竟一個只會發現別人問題，卻不懂得改正自己缺點的人，無論到那兒都將處處碰壁。

名人留言版

處世得宜，自己將是最大的受益者。

～富蘭克林

8 如果當不成巨人，那就疊羅漢吧！

也許以您我一己之力，開創不出什麼偉大的局面，但沒關係，如果您當不成「巨人」，那就找別人來一塊兒「疊羅漢」吧！

在日本，有某家小公司短短幾年之內，業績迅速飆漲，成了一家頗具名氣的上市公司。令人訝異的是，這家公司當初竟只是由七個過去在職場上表現平平的青年人所共同創辦的，記者訪問其中一個人談談有關於他們創業成功的秘訣時，他只淡淡地說：「沒什麼啦！『摒除私心，同心協

力』而已！」短短八個字，道出了一個團隊成功的最關鍵要素！

還記得本文的標題嗎？「如果當不成巨人，那就疊羅漢吧！」倘若您覺得自己的長處並不突出，沒關係，不妨放下身段跟別人一起努力，摒除私心，同心協力，您們一樣可以是「巨人」！甚至可以打敗許多雖然天賦異稟，但卻孤傲、自我的人，這，就是團隊的力量。

然而就像真正的疊羅漢一樣，當幾個臭皮匠聯合在一起時，必須要互相有放低身段，彎下腰，讓別人踩上去的時候；不能夠只願己踩人，不願人踩己，這樣的心態，就疊不成羅漢了！反而會讓一夥人全摔得人仰馬翻，狼狽不堪。您是一個有「團隊精神」的人嗎？這個問題的重要性，遠遠過於您個人有多大的能力。

名人留言版

在何處有嫉妒、紛爭，就在何處有擾亂和各樣的壞事。

～雅各

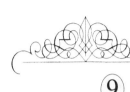

9 善用「難得糊塗」的生活智慧

小張是個三十出頭的年輕人，他的記性很好，讀書過目不忘，一路讀到經濟學博士，畢業後直接被一家貿易公司延攬，擔任行銷部經理的職位，並且還在大學裡兼課。然而，這個幾近完美的青年人，卻也有一項缺點，那就是「記性太好」，好過了頭，好在了不該好的地方。

「那個老王，我剛進公司的第一個禮拜居然罵我◎＊#……，這口氣我一定會討回來！」「不要反駁我的企劃案，你們忘了我是經濟學博士

嗎？堂堂一個留美博士會判斷錯誤嗎？」「嘿！聽說小劉的同事的老婆的哥哥的同學又出去外面拈花惹草了！」

沒多久，小張的朋友越來越少，很快地，他主動離開了那家公司，當然，促使他離職的並非煩瑣的業務，而是無形但卻龐大的人際壓力！多麼令人惋惜的結局，不是嗎？

中國人有句名語叫「難得糊塗」，這句話乍聽之下不覺其妙，但若仔細想想，便會發現它其實是一個人在昇華修養、力爭上游、待人處世……等各方面，都不可或缺的一種生活態度。怎麼說呢？

● 難得糊塗一下，忘掉別人得罪自己的事：

對於別人所做過得罪自己的事，或所說過傷害自己的話，乾脆瀟灑一點，把它們忘了吧！也許您會覺得很不甘心，但想一想，那堆只會刺痛自己的刺針，還把它們當寶貝一樣地硬捧在懷裡做什麼呢？只會更刺痛自己

罷了！做人，難得糊塗一下，忘掉別人曾得罪過自己的事，不但是美德，更是享受。

● **難得糊塗一下，忘掉自己過去是誰：**

忘記自己過去曾經多麼風光，忘記自己過去曾經多麼不堪。過度陶醉於先前的勝利，只會讓自己驕傲，甚至弄得大意失荊州；過度恐懼於以往失敗的經驗，只會讓自己做起事來故步自封，施展不開。忘掉自己過去是誰，忘掉自己過去的好，忘記自己過去的爛，您才有可能在謙虛中進步，才有勇氣從跌跤處再爬起來。

● **難得糊塗一下，對別人的八卦問題裝聾作啞：**

不要去散播一些似是而非的八卦，如果您聽到了別人的八卦流言，或是別人向您問及關於某人未經證實的私事傳聞，最好的應對方式就是「裝糊塗」（裝糊塗並不需要說謊）！千萬不要自作聰明地去當大嘴巴。謠言

止於智者，對別人的私人八卦問題三緘其口，既可維護別人的聲譽，也可保持自己的形象。

善用中國人「難得糊塗」的生活智慧，讓自己「選擇性地失憶」，把不好的東西通通忘掉。做人，難得給它糊塗一下，對您的品德、學業、事業、人緣……，絕對都有著極正面的幫助。您，願意適時地做一個「聰明的糊塗人」嗎？

名人留言版

替別人著想，是第一等的學問。

～呂坤

⑩ 跳出原先的「框框」

很多時候，如果能夠換一種思考模式，不被無謂的傳統、習慣……所羈絆，往往會得到出人意表的驚喜。

有則寓言故事說到，有個老人牽著一座古車，車上頭綁了個名為「高爾丁死結」的奇怪繩結，據說只要誰能解開，誰就可以成為世界之王。

然而多少年來，所有曾嘗試的人都失敗了！誰都沒有辦法解開這個錯綜複雜的死結。最後，輪到亞歷山大，他絞盡腦汁，依舊一籌莫展；最

後，他低頭沉思了一會兒，不久便面帶微笑地抬起頭來。

眾人問他：「您想到辦法了嗎？」他點點頭，之後，便以迅雷不及掩耳的速度從腰間抽出配劍，「鏘！」地一聲，隨即就把古車上綁的那副死結給斬斷了！

眾人驚訝地張口結舌，亞歷山大卻輕鬆地說：「它只規定要人打開死結，並沒有規定方法啊！過去千百年來，大家都只想到用手去解它，卻沒想到可以用劍。」就是憑藉著這種跳脫窠臼、勇於創新的精神，幾年之後，亞歷山大果然成為人類歷史上第一個建立橫跨亞非王國的君王。

在日常生活中，很多令我們傷透腦筋的「死結」，很多令我們無計可施的事、物，不也是如此嗎？也許我們順著過去數代以來前人的方式去思考，會感到彷彿思緒陷入了死胡同般，但若我們跳脫舊有、無謂的傳統與思維，跳出原先思考的「框框」，說不定會發現嶄新、簡易的解決之道！

有些人不願跳出原先的思考模式，常是因為害怕改變！害怕變動所帶

來的那種不明確、不安定，然而聖經上說：「智慧人的法則是生命的泉源。」（箴言十三章14節）您可曾看過泉源嗎？那可是活的，是始終湧流不斷的。

「跳出原先的框框」，是現代人求新、求生存，所不可或缺的一種思維方式。

名人留言版

心中有智慧，必稱爲通達人。

～《箴言》

⑪ 我們，一流加一流等於二流嗎？

從前，有兩個建築師奉了國王的聖旨，要聯手合蓋一座宮殿。

他們兩人都是首屈一指的優秀建築師，協商了以後，他們決定一人負責設計宮殿的下半部，另一人，則負責設計宮殿的上半部。

很快地，宮殿即將要動工了！負責設計宮殿下半部的建築師，心想：

「哼！蓋上面部份的傢伙，有什麼了不起！？憑什麼與我齊名？好！我就偷偷把柱子下半部份的長度減去一丈！到時屋頂整個壓低，看你這設計上

半部份的傢伙怎麼跟國王交待？」

而就在此時，負責設計宮殿上半部的建築師，也想著：「哼！聽說蓋宮殿下半部份的那老頭子非常自負！沒關係！我就把柱子上半部的長度少設計一丈！到時整個宮殿變矮了！哈哈！我等著看國王怎麼對你這個設計底座的傢伙大發雷霆！」

兩個建築師就這麼在各懷鬼胎的情況下，分別把設計圖給交了出去。幾個月後，宮殿在奴隸們的辛苦動工之下順利竣工，國王興高采烈地到他的新宮殿去巡視。不看還好，一看，不由得大叫：「哎呀！這是什麼玩意啊？」只見整棟房子，高度足足少了兩丈！連門都得彎下腰，像狗一樣用鑽的才進得去！

國王大怒！立刻下令，把這兩個負責設計宮殿的建築師通通下在監裡！囚禁終生！兩個人在獄中非常懊悔，但，卻為時已晚。

您仔細看過嫉忌的「忌」字嗎？下面是一個「心」字，上頭單單加一

個「己」字，彷彿告訴我們：當一個人心中只有自己，只有自己的名，只有自己的利，就會見不得對方的好；最後，終會生出嫉忌，進而勾心鬥角，使整個團體面臨內耗狀態，絲毫發揮不出效果來。

日前偶然拜讀了一篇前財政部長王建煊先生的大作——「一流加一流等於二流！」（收錄於《通樂》一書，高寶出版），當中即對中國人瑜亮情結，內鬥內行的現象表示感慨，無論是政壇、商場……皆不乏一流人才，但卻因著內耗，而使得一加一小於一！

在您我所分處的團體裡，一流加一流會等於「二流」，抑或表現出「超一流」的高水準，關鍵全在於大家有否無私的奮鬥精神。

名人留言版

在何處有嫉妒、紛爭，就在何處有擾亂和各樣的壞事。

～雅各

⑫ 您，必須對自己四十歲以後的表現負責

有兩個少年人，分別生長在兩個酗酒的家庭裡，幾十年之後，兩人都已從少年人變成了中年人，然而，結局卻大不相同：一個，是順利地完成了醫學博士學位；而另一個，卻整天無所事事，最後還因酒後鬧事，而搞得啷噹入獄。

人們分別問他們倆功成名就以及身敗名裂的原因，前者回答：「我從小生長在一個酗酒的家庭，從小看到的都是上一代酗酒、鬧事的畫面，所

以我下定決心，以後絕對不喝酒，要做一個堂堂正正的人。」

而後者卻回答：「我從小生長在這個酗酒的家裡，我看到的都是上一代酗酒、鬧事的畫面，你們說！我怎麼可能不喝酒？不鬧事呢？這實在不是我的錯啊！」

環境，的確是可以對一個人的未來產生巨大的影響，很多時候，也許您改變不了「環境」，但，您可以試著調整您的「心境」，一個人會否成功，最大的關鍵不在於外在環境，乃在於他裡頭有否一顆積極想成功的心。

千萬不要習慣性地把「生長環境不好」給掛在嘴邊，改編、套用一句林肯總統的話，我們可以說：「一個人，必須對自己四十歲以後的表現（成就、品德……）負責。」怎麼說呢？您的家境不好，父母教育方式失當，或是天生資質平庸……，這些，都可以是您四十歲以前失敗的藉口，但若到了四十歲以後，仍舊一事無成，恐怕您再也不能把責任推到環境身

上了！您自己也必須扛起責任。

您還在埋怨環境不好嗎？還常把成敗歸咎於環境嗎？切記！您，必需對自己四十歲以後的表現負責，當您改變不了「環境」時，試著改變「心境」，心，才是影響您一生最大的關鍵。

名人留言版

人當為造時勢之英雄，勿期待成為時勢所造之英雄。

～陶覺

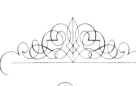

⑬ 氣度，決定了高度

一個人的氣度，決定了他（她）下半輩子成就的高低。

有回法皇拿破崙帶著愛妻在海港邊散步，恰巧一群水手正在碼頭那兒卸貨，一個水手不認得他，便嚷道：「喂！矮個子！麻煩讓個路好嗎？」他妻子一聽勃然大怒，立刻吼回去：「搞清楚！站在你面前的這位可是當今法國皇帝！」水手大吃一驚！

倒是拿破崙，並沒有太大的情緒起伏，還很有風度地吩咐身邊的士兵

去幫助那些忙得不可開交的船員們卸貨。據說到了西元一八一五年，當時已被流放至厄爾巴島的拿破崙，在幾乎無資源的情況下得以成功地偷渡回法國本土東山再起，幫助他最大、自甘冒險替他在岸邊暗中接應的，居然就是幾年以前在碼頭與他邂逅的那批無名船員。

您今日待人處世的「氣度」，決定了您明日的「高度」（成就）！在您滿腹理想、摩拳擦掌地準備「做事」之前，必須先學會「做人」！人類是群居的動物，一個易怒、暴躁、高傲……的人，那怕有再多的才華、再多的抱負，都將註定隨著自己遭人非議的性格而一同付諸東流。

相反的，如果能夠作到「**溫溫和和的待眾人**」（聖經提摩太後書二章24節），將可有效地讓您獲得「天助」、「自助」與「人助」，怎麼說呢？一個懂得不計算人的惡的人必然討上帝喜悅，這是「天助」；一個雍容大度的人也較可把大部份的心思花在眼前的工作上，而非成天勾心鬥角、徒費精力，這是「自助」；再者，一個有氣量的人必能廣結人緣、深

受愛戴，這是「人助」。

瞧！「氣度」是不是決定了「高度」了呢？除非上帝在您身上實在另有其他美意與安排，否則一個有雅量的人在他（她）所行的事上必然更為得心應手，這也是為什麼聖經上會推崇「**性情溫良的有聰明**」（箴言十七章27節）的緣故。您期待將自己的恩賜與理想發揮到最大程度嗎？在拼命努力的同時千萬別忘了提醒自己與人相處該有的氣度喔！

名人留言版

愚妄人的惱怒立時顯露；通達人能忍辱藏羞。

～所羅門王

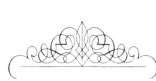

14 動物百米競賽

這天，森林裡的小動物們決定辦一場「動物百米競賽」的短跑活動，森林的廣場上好不熱鬧，所有的小動物們都來到跑道邊，準備大展身手。

這時，蜈蚣大哥跑來對青蛇小弟說：「瞧！上帝多眷顧我啊！給我生了這麼多隻腳，待會兒一定是我贏！倒是你，一隻腳也沒有，可憐哦！」

青蛇小弟回答：「沒關係，我用肚子爬就可以了！也不一定就輸給你！」

各就各位的哨音響起，蜈蚣大哥與青蛇小弟也都各自停止了辯駁，到

起跑點上蓄勢待發。起跑槍鳴起！牠們倆各自衝了出去，只見青蛇小弟雖然沒有腳，但肚子裡的肌肉卻將身體的操縱控制得極好，不一會兒便趕過了包括蜈蚣大哥在內的許多小動物們。蜈蚣不解地大喊：「什麼！怎麼會這樣？我明明有這麼多腳，怎麼可能會輸給一個無腳的傢伙呢？」

人生成功與否的關鍵，並不在於「外表」，而在於您「肚子裡的東西」。就像故事中的蜈蚣大哥，牠靠的是「外在的聲勢」，而青蛇小弟，卻有著「內在的功夫」，不一會兒，便立見高下。

親愛的朋友，您所追求的是「外在的聲勢」抑或「內在的功夫」？問題的答案將決定您自己的成就。

名人留言版

沒有徹底了解的東西，涉獵再多也不是自己的。

～歌德

生活，可以更多采多姿，只要您善加利用。這裡有經營、規劃生活的幾帖小小建議，如：培養一個可以服事上帝的休閒活動、4 個半小時、每日更新您的心、寬恕，是一把梯子……。期待這些野人獻曝的ideas，能在您生命中發揮拋磚引玉的妙用。

4. 心靈的冰淇淋～

對生活的態度，

決定了您活的品質

1 樂來樂感動

日前臺北醫學大學醫學人文中心舉辦了一場別開生面的音樂演奏會，吸引了無數畢業醫師與醫學院生前往聆聽，動人的交響曲讓原本冰冷的醫療學術機構增添了幾分難得的藝文氣息，也讓所有的與會來賓過了一個充滿音符與溫馨的仲夏之夜。

音樂可以治病嗎？也許有些人有不同的看法，但我相信一首好的曲子絕對可以觸動人疲憊已久的心弦，甚至在幾百年後依舊讓後世深受感動，

這使我聯想起音樂家貝多芬所說的：「人生就像一首交響曲。」可不是嗎？人如果活得成功，其言行一樣可以讓許多人深受感動！您將怎樣編織您的人生呢？

在此提供幾個小小的建議：

•**善用生命中的「休止符」**：適時地放下手邊的工作、課業，休息一下，讓自己喘口氣，花些時間陪陪家人，看看青山綠水，放鬆緊繃已久的神經，您將更有體力與心力去面對下一個挑戰。

•**善用生命中的「圓滑線」**：作人圓滑些，別為小事而擺個臭臉，甚至大發雷霆，還記得那句名言嗎？「人有見識就不輕易發怒」（聖經箴言十九章11節），告訴自己，拒絕當個沒見識的傻瓜。

•**善用生命中的「反覆記號」**：求上帝賜給自己足夠的愛心與耐性，得以「『多』行各樣善事」（聖經哥林多後書九章8節），而不只是三分鐘熱度。

• **善用生命中的「升、降記號」**：讓自己的心境能夠隨遇而安，如保羅所說：「我知道怎樣處卑賤，也知道怎樣處豐富；或飽足，或飢餓；或有餘，或缺乏，隨事隨在，我都得了祕訣。」（聖經腓立比書四章12節）

• **善用生命中的「頓音記號」**：偶爾奏出幾個「振奮人心的音符」，多用些造就的言詞來鼓舞、激勵旁人，讓他（她）們的心情因您而得以再度high起來。

「人生就像一首交響曲」，期待您的信仰與生命能交織成一首感人肺腑的曲子，為這冷漠的社會注入幾曲動人的旋律。

名人留言版

一個人活多久關係小，怎樣活關係大。

～莎士比亞

② 日子，也需要螢幕保護程式

人的生活如果一成不變，那麼總有一天，會因枯躁難耐而導致心理或身體上的耗損。

如果您是電腦族，則您一定不會不知道您電腦裡有個叫「螢幕保護程式」的玩意兒，它會在您的畫面定格一段時間後自動開啟。三年以前，我還是個電腦生手，壓根不知道該程式創作者的用心良苦，於是便問朋友：「為什麼我的電腦開到一半會自動跑出一些五光十色的動畫來?真是好奇

怪哦。」

朋友聽了笑道：「哈哈！什麼五光十色的動畫？那叫『螢幕保護程式』！是怕電腦若定格在同一畫面太久會燒壞，所以才會在一定時間後便自動轉換畫面，等到要用時才再恢復原狀。」我聽了以後，才恍然大悟。

其實，您我的生活也需要「螢幕保護程式」，也需要您在一成不變的工作、家事、學業……之中穿插些休閒與娛樂，讓自己的心靈喘口氣，享受片刻五彩繽紛的快樂時光。「休息」不但不會讓您成為一事無成的「閒人」，反而可讓您變成難得一見的「賢人」，怎麼說呢？

●休息，是信任上帝的表現

很多人得失心太重，以致完全放不下工作上、學業上、服事上的重擔，其實，您所擔憂的事情全都已在上帝的掌握之中，只要盡了力，大可不必患得患失，不妨放心地去休憩一下，因為之後上帝所賜給您的結局一

定是最適合您的，記得耶穌所說：「凡勞苦擔重擔的人，可以到我這裡來，我就使你們得安息。」（聖經馬太福音十一章28節）

• 休息，是體貼家人的表現

曾有個小男孩在作文裡這樣描述他的父親：「我的爸爸是位優秀的教授，他寫過很多書，常上電視，常辦研討會，但是他從來沒幫我慶祝過一次生日，也從來沒空陪我講講話。」想一想，這樣的「成功」多讓家人感到委屈與冷落啊！留給自己與家人多一點閒暇的時間，是您應盡的責任！該享的福氣！

• 休息，是珍惜健康的表現

絕對不是危言聳聽，什麼猛暴性肝炎、腎衰竭、肌腱炎……通通都可以跟「工作狂」沾上點兒邊！多少年輕有為的青壯才俊，因著求好心切、工作過度，使得「英雄出少年」轉眼間險變成「英年早逝」，人若賺得全

世界，卻賠了寶貴的生命，又有什麼益處呢？

聖經上說：「你們要休息，要知道我是神！」（詩篇四十六篇10節）

為日子設定「螢幕保護程式」吧！偶爾給忙碌的自己放個假，切換一下嚴肅的工作畫面，千萬不要讓一成不變的生活模式「燒壞」了您的心靈，累壞了您的身體。

名人留言版

休息，是爲了走更長遠的路。

～佚名

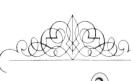

③ 培養一個可以服事上帝的休閒活動

在台北市政府六月份所公佈的《統計週報》中，曾經以「週休二日假期，您都在幹什麼？」為題，做了一份調查，結果顯示：有一成三的受訪者最常從事的休閒活動是睡覺，佔了第一名！其次還包括：看電視、逛街購物、打電動、上網咖……等。不過也有百分之四的受訪者表示，週休二日，根本不知道要幹什麼，所以只能無所事事。

人，一定要休息！不可否認，偶爾睡睡大頭覺、逛街購物、打打電

動，的確有益於調劑身心，但是千萬不要讓自己所有的休閒活動「都」只是在打發時間，消耗資源而已，這麼做太可惜！太空洞了！

而身為一個基督徒，如果能夠以「培養一個可以服事上帝的休閒活動」為目標，用興趣作催化劑，來發展自己的第二專長，發展一個未來能夠在教會裡頭派得上用場的第二專長，那將是再好不過了！如此兼顧平日休閒與教會服事，一舉兩得，不但不會另增負擔，反而將更輕鬆，更喜樂，更有效率。

舉例來說：聖經中的大衛，過去是位牧童，他很喜歡彈琴。彈琴，在平時只是他的純休閒，但到了該服事時，這項休閒也可以為主所用，也可以用來「鼓瑟彈琴讚美祂」（聖經詩篇一五〇篇3節）；英國的宣教士霍浦金很喜歡作畫。作畫，在平時只是他的純娛樂，但因著他肯擺上，這項娛樂卻可以在他傳福音時發揮作用，成為他宣教的媒介。類似的人、事，相信在您我的教會裡也不難見到，用自己的興趣來事奉上帝，這是多麼美

的一種生活模式啊！

想一想，您在平時都以那些休閒活動來填充自己的空暇時間？在這些休閒活動中，有沒有至少一項，是除了可帶來快樂與調劑身心之外，也可以用來服事上帝的？如果還沒有，那麼您不妨考慮一下，試著去培養一個可以服事上帝的休閒活動（如：樂器、唱歌、插花……），相信會為您的生活帶來更多的感動與驚喜。

名人留言版

不要把上帝賜給你的恩賜埋藏起來，要用它們！

～孫大信

4 給我換顆心

很多時候，若換種心態來過日子，換種心態來面對每一天，您將會有意想不到的收穫與喜悅，以下分享三種筆者自認極重要的生活態度，與您分享，期待能成為您我未來共同的叮嚀：

● 擁有一顆喜「閱」的心

富蘭克林曾幽默地說：「一個在下雨天不懂得利用時間來好好讀書的

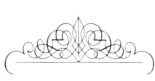

人，是最可憐的。」台積電董事長張忠謀也曾自述：「我每天要花五個小時看書、看八份報紙，每週看五本週刊。」

的確，喜歡閱讀的人不一定會成功，但成功的人一定是喜愛閱讀的！這裡的「閱讀」不一定是指拿學位，而是指不斷地吸收新的知識與觀點，人唯有如此才能有進步的機會，不是嗎？

●擁有一顆喜「悅」的心

從心理學的角度來看，您的心情怎樣，決定權在您，而不在外界。一件事情臨到，若您悲觀地告訴自己：「完了！一切都完了！」那麼您肯定將愁眉苦臉好一陣子；但若您樂觀地對自己說：「沒關係！凡事都還掌握在上帝的手中。」則將無事足以讓您皺起眉頭。

一個人開心與否，決定權在自己，您是一個喜『悅』的人嗎？

●擁有一顆喜「越」的心

勇敢告訴自己，今年要超越明年！勇敢挑戰自己，讓今年的自己比明年的自己更強！更進步！無論是在品格上、修養上、處世上、服事上、工作上……，都要讓自己超越自己，讓自己不斷進步。告訴自己要擁有一顆喜「越」的心，進而得以在各方面都向前跨越一大步！

過去的一年怎樣，您已無法改變，但未來的一年將如何，您生活的態度具有絕對的影響力！期待未來的一年，您我都能換顆更加喜閱、喜悅、喜越的心。

名人留言版

好好把握每一天，庸碌之輩也將不同凡響。

～歌德

⑤ 芳香人生

以前大學時住在男生宿舍，男生宿舍，顧名思義充滿了整棟的「男人味」，或許是因為我比較愛乾淨，所以只要我有機會去便利商店，總會買一些芳香劑回宿舍「善加利用」，像是什麼按飄香、去味大師……，都成為我定期購買的日用品。久而久之，其他室友見狀覺得不錯，也會順便托我：「嗨！以諾，那些玩意兒挺好用的，順便也幫我買一些吧！」「我也要。」「還有我。」

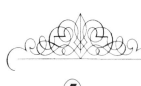

接著，就只見我收下一張張的零鈔，再度成為室友們口中暱稱的「芳香劑大使」，買芳香劑去了！

雖然離開學生生活已經三年，但當年大學時代的趣事卻依舊深刻地印在腦海裡。有時我常自省，在現代這個人心腐壞、烏煙瘴氣的世代，我的一言一行，能不能成為這個世代的「芳香劑」，替這個社會注入一絲香氣與溫馨呢？

保羅曾公開說：「感謝神！常帥領我們在基督裡誇勝，並藉著我們在各處顯揚那因認識基督而有的香氣。」（哥林多後書二章14節）如果我們大家也能努力效法保羅他們的榜樣，我想，這個社會必會清香許多。您希望成為一個「芳香劑」嗎？您至少要學會以下兩個功課：

- **要能在「臭」的地方待得下去：**

您買芳香劑會擺在那兒？花園？餐桌？香水盒旁？不可能吧！不外乎

擺在髒廁所、破衣櫥……裡。同樣地，上帝也期待您我能學會在「臭」的地方待得下去，也期待您我能學會用耐性和雅量，去跟某些不可愛的人們相處，積極地以自己的生命與見證來改變、影響他（她）們，而非消極地獨善其身。

●要常「填充」裡頭的「香氣」：

每瓶芳香劑都有它一定的劑量，香料用畢了，任憑您怎麼壓，怎麼按，也不會有香氣跑出來，除非您定期補充其內容物。

同樣地，基督徒也要常親近上帝，不然裡頭的「香氣」（生命）很快就會枯竭！就像保羅在經文中所強調的：要有香氣的先決條件，必須是「認識基督」、「在基督裡」，否則，一個不常在基督裡的信徒，很容易變成一個「空有外殼的瓶子」。

最近每天只要翻開報紙，便不難看到許多令人髮指、駭人聽聞的社會

案件，想一想，處在這個烏煙瘴氣的時代，您，會是個為社會帶來芬芳氣息的「芳香劑」嗎？值得您我共同勉勵！共同努力！在各處顯揚出那溫暖人心的馨香之氣。

名人留言版

任何人能把基督教的教義應用到生活上面去，就能改變周遭的世界。

～富蘭克林

6 4個「半小時」

很多朋友會問我：「哇！你又要在醫院治療病人，又要深造，又要寫書，又要陪伴家人，你都怎麼分配時間啊？」其實我是個愚人，沒什麼資格談時間管理，但我有一套自名為「4個半小時」的「時間投資哲學」，是我個人近幾年來成長與進步的一個重要關鍵，在此野人獻曝，期與讀者諸君分享：

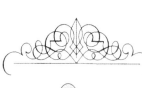

• **每天挪出至少半小時，來好好讀上帝的話：**

每天挪出至少半小時，來好好讀聖經，好好讀一些屬靈的書籍，包括《啟導本聖經》、《荒漠甘泉》、《奔向日出》、《讀經釋義》……等，都是您不錯的選擇。

• **每天挪出至少半小時，來好好向上帝禱告：**

不要覺得這個目標很難，其實包括在公車上、捷運上，或者是在面對下一個工作流程前，您都可以抓緊時機，好好禱告。這些寶貴時間若善加利用，大概就已將近半個小時了！這個目標一點兒都不難，不是嗎？且當您肯這麼做時，對您整天的情緒、效率……都會有極正面的幫助。

• **每天挪出至少半小時，來好好安靜默想：**

光是一味地在禱告中詢問，甚至吶喊，但卻不給自己時間來好好安靜默想，就好比一個人向路人問路，著急地揪著人家衣領拼命問，但卻不給

對方開口回話的機會，如此，您要上帝怎樣對您說話？怎樣給您答案？怎樣給您亮光呢？

● 每天挪出至少半小時，來用心經營、發展一項屬靈恩賜：

無論是聖樂、講台、寫作……，只要您肯每天挪出半個小時來用心經營、發展它們（如：每天花半個小時來發聲、練琴，站在鏡子前練習演講技巧等），我敢保證不出三個月，您在該方面的恩賜必會進步到讓自己都感到訝異的境界。

也許很多人會說：「哇噻！這加一加不就一共得要兩個小時了嗎？我那兒有空啊？！」其實，每天花「4個半小時」，只要您有決心去做，不但一點都不難，一點都不浪費，還可能會讓您剩下的那二十二小時，發揮出如同當年分五餅二魚時的神奇效率。聰明的您，何樂而不為呢？

如果我們能每天挪出「4個半小時」，是對我們毅力的一大挑戰！相

信也將成為您承受上帝賜福的起點！

名人留言版

當您越肯把時間分別爲聖，您的生活就會越有力。

～伊諾克

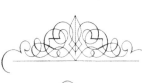

7 每日更新您的心

認識我的人都知道，我除了會用電腦軟體做研究、寫文章、收發信件外，其他與電腦相關的常識根本就一竅不通！記得有一次我的電腦不幸中了當時最新一波的電腦病毒，但卻怎麼樣也解不開，只好急得四處打電話找朋友求救。

「喂？請問毛毛在嗎？毛毛！我的電腦又掛了！」我無奈地在電話中訴說著，電話那頭傳來一陣驚愕聲：「啊，不會吧！你不是已經灌了掃毒

軟體了嗎?應該不會受影響呀!」我說:「不知道,我的掃毒軟體好像拿病毒沒輒。」朋友沉思了一下,問道:「你的病毒碼上次『更新』是在什麼時候呢?」

我一臉疑惑地說:「更新?我有更新呀!大概一個月之前吧!」他笑著回答:「哈哈!這就對了,難怪你的電腦會中毒。現在人心險惡,病毒一日數變,所以病毒碼一定要時時更新,昨日更新的病毒碼不能確保你今日的電腦不會中毒!有了掃毒軟體卻不時時更新,根本就發揮不了什麼作用啊!」我這才恍然大悟。

雖然朋友講的是電腦的保養,但卻多麼值得我們反思到自己的靈修生活啊!我們可以將上段文字轉換一下:「魔鬼的試探與誘惑一日數變,所以基督徒的心靈一定要時時更新,昨日的靈修不能確保你今日的心懷意念不受污染!受了洗、信了主的人,如果靈命不時時更新,那麼根本就發揮不了什麼作用啊!」

一個真正合格的靈修，至少包括了禱告、讀經與默想三個重要成份，很多人在讀經前常忽略了要靜下心來禱告，或是喜歡以看一些小散文來代替聖經，並甚少將聖經中的話語細細地咀嚼、思考，這些都是很可惜的！「禱告、讀經、默想」是靈命更新最基本的要素，三者缺一不可。

生活在這個充斥著利慾、色情、暴力等「心靈病毒」的世代，今天的您，到上帝那兒下載病毒碼了嗎？昨日更新的病毒碼不能確保您今日不會中毒；過去靈修有感動不能擔保您往後不再軟弱。時時親近上帝，每日更新您的心，才能活得聖潔自在。

名人留言版

耶穌每天都很樂意在您的生命中動工，但先決條件是您要每天留時間給祂，讓祂把話語與恩典賜下。

～安德烈

8 安心

還記得過去剛到臨床上治療病人時，最常對病人、家屬講的一句話就是：「哎呀！您安心啦！我一定盡上全力幫忙把病治好，沒有問題的啦！」當時初入杏林的我那顧得那麼多啊！我只知道我除了該還給病人一個更健康的身體外，也得讓我手上的每一位病人個個活得更開心，活得更有盼望。

後來想想，當初順口講的「安心」這兩個字還真值得深思，多少人畢

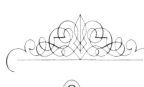

生想抓著這兩個字，卻始終抓不著啊！安心啊安心，我們可以朝三個方面來思想它：

● **學習讓自己有顆安安靜靜的心：**

每天花個十到十五分鐘讓自己安靜下來，放下手邊的雜務，好好地翻翻您的聖經，好好禱告，好好默想。還記得詩人在詩篇中所寫的詩句嗎？「親近上帝是與我有益的。」（詩篇七十三篇28節），每天安靜個十到十五分鐘來親近上帝，果效必將令您喜出望外。

● **學習讓自己有顆安安穩穩的心：**

面臨難題時先別慌張，要知道您與難題之前還站了一位上帝，就算真有什麼天大的試煉，愛您的天父也會「吩咐祂的使者用手托著你，免得你的腳碰在石頭上。」（馬太福音四章6節）務必記得，當您面對困難時，您並不孤獨！上帝固然不會讓您此生「沒有」困難，但祂更不會讓您「只

有」困難，祂必定會一併賜下足以面對困難的勇氣與能力。

●學習讓自己有顆安安分分的心：

一個常做虧心事的人永遠也不會有真正的平安與喜樂，學習讓自己有顆安安分分的心，不要看別人耍了些小花樣、得了些好處就心思效法，聖經上提醒世人「**當默然倚靠耶和華，耐性等候他；不要因那道路通達的和那惡謀成就的心懷不平。**」（詩篇卅七篇7節）心安理得，才會有真正的快樂。

「安安心心」與「提心吊膽」往往就在一線之間，只要您能靜心靈修、放心交託、耐心等候，一定會過得更豐盛、更平安、更踏實。您，是一個懂得「安心」過日子的人嗎？

名人留言版

不與上帝交通的人，可謂虛渡此生。

~邦尼

9 茶包哲學

喝茶，是許多人生活中的一部份。

偶爾在繁忙的工作中抽空拿起茶杯，在裡頭放個茶包後走到熱水瓶前按下出水鈕，沒一會兒功夫，滾滾而下的熱水在瞬間便成了一杯純香的茗茶。這時若走到窗前伸個懶腰、動動筋骨，一面看看窗外的風景，一面品嚐手中的茶品，您將會發現只要懂得生活，那兒都可以是幽靜、愜意的茶藝館。

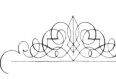

您猜！每回泡茶時我都會聯想到什麼？我都會聯想到兩段許多人均朗朗上口的經節：「不要效法這個世界，只要心意更新而變化，叫你們察驗何為神的善良、純全、可喜悅的旨意。」（聖經羅馬書十二章12節）、「你不可為惡所勝，反要以善勝惡。」（羅馬書十二章21節）

您不覺得我們人類也常會陷入一些「水深火熱」的環境中嗎？面對那些令人抓狂、不可理喻的人、事、物，是它們影響了您，還是您影響了它們呢？您我能否像一個「茶包」，面臨滾燙的熱水，不但不會給沖壞了本質，還可以在瞬間將它們變成一杯溫熱、爽口的甘茶？

這世界上有三種人：第一種人，處在不良的環境中，自己的思想、情緒、行為……全被環境給影響；第二種人，處在不良的環境中，不受影響，但對於現況也無可奈何；第三種人，處在不良的環境中，不但不被影響，反而可以用愛、用忍耐、用信仰來改變身旁的人、事、物。

每天翻開報紙、打開電視機，您必然不難體會到現今社會的世風日

下、價值觀扭曲。生活在這樣的世代，您是屬於那一種人呢？您的生命見證會像一個「茶包」一樣去改變身旁那一大堆滾燙、無味的熱開水嗎？只要您能學習培養足夠的愛心、耐心，以及堅定的信仰基礎，您必然會成為那「第三種人」，即便您不能改變周遭所有的一切，但絕對會有或多或少的成效。

期待您的生命能夠成功地發揮出「茶包效應」！一塊兒泡出一杯可口、甘美的上上好茶。

名人留言版

與其埋怨滿天昏暗，不如點燃一根蠟燭。

～英國諺語

10 寬恕，是一把梯子

有則有趣的故事，是說到彼得有一次問耶穌：「老師，我需要原諒我的仇敵幾次呢？七次夠了嗎？」七，在當時的猶太文化中是一種象徵美的整數，而對當時一般物質不算豐厚的小百姓來講，七，更不算是個小數目。彼得也許心想：「這樣子，老師該會誇獎我了吧？」

豈料耶穌卻回答說：「不夠，你要寬恕他七十個七次。」這句看似幽默的答覆，其實蘊藏著極深的意涵與智慧。因為盡可能地放寬心胸去饒恕

人，往往會為自己的生活增添無限的驚喜與感動。

您知道嗎？寬恕，是一把梯子，是一把無形的梯子，怎麼說呢？

●寬恕是一把梯子，它可以幫助您的心情爬得更高：

饒恕，不但是饒了別人，更是饒了自己。一個常把怨懟、惱怒……給積於心底的人，久而久之，心情必然down到谷底，唯有寬恕，才能幫助一個人的心情再度爬升，重拾笑靨。

●寬恕是一把梯子，它可以幫助您的操守爬得更高：

沒有人天生就是品德高尚的賢人，所謂的修養，都是慢慢「修」來的，當您肯敞開心胸去寬恕一些得罪您的人時，不知不覺間，您的操守、涵養……，都會有所成長。

●寬恕是一把梯子，它可以幫助您的成就爬得更高：

心寬，路就會更寬！一個不斤斤計較的人，可以節省更多的時間與精

力在自己的工作上；一個不斤斤計較的人，可以更輕易地廣結善緣；一個不斤斤計較的人，不會因心懷不平而一時衝動，鑄成大錯……。這些小特質若長期發酵，對您的工作、升遷……，都會有極正面的助益。

有句名諺說：「寬恕人的過失，便是自己的榮耀。」這句話真是說得再貼切也不過了！的確，寬恕，就像是一把無形的梯子，當您肯敞開心胸去原諒別人時，不僅對方受惠，自己的心情、修養、成就，也會因而爬升到另一個更高的層次。這把好康的梯子，您，有常用它嗎？

名人留言版

寬恕是通往幸福之地的捷徑。

~丹尼爾

您知道嗎？西方歷史上有許多您所熟知的偉人，他們全都是虔誠的基督徒，包括大科學家牛頓、音樂天才貝多芬、英國維多利亞女王、美國前總統羅斯福等，都曾在其著作或回憶錄中提及信仰在他們生命中所發揮的關鍵妙用。您對上帝的態度，決定了您生命的高度，《心靈厚片土司》將用幽默、輕鬆的生活比喻，來為您詮釋這份信仰。

5. 心靈的厚片土司～

對信仰的態度，

決定了您生命的高度

① 學游泳

十歲那年，曾經跟父親到住家附近小學所開設的游泳班學游泳，咱們父子倆之前都是不折不扣的旱鴨子，所以一進去，就被分到基礎班學習。相信熟識我家庭的人都知道，我有個學什麼東西都快的老爸，當然，游泳也不例外，才沒幾天，就可以看到他這個新進學員，已可以用那拿手的自由式，悠哉地在泳池裡穿梭來去，而我呢？哦！別提了，連個水母漂都還學不會呢！

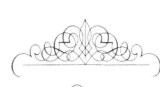

其實也不是我不想學，可我只要一放開浮板，整個人就會「咕嚕咕嚕」地連喝好幾口水沉下去，但幸好池子不深。當時教大家學游泳的是位嚴格的女教練，每當她看到我「落難」時，就會指著我大喊：「那邊那位胖胖的小弟弟，放輕鬆！放輕鬆！不要亂扭亂動，不然你會越沉越快！放輕鬆！放輕鬆才浮得起來。」

後來，覺得很丟臉，便索性溜到淺水區去跟其他的小朋友玩球，並一邊看著遠方悠遊的老爸，一邊與有榮焉地叫著：「好ㄟ！好ㄟ！爸爸加油！」但自己卻怎麼樣也不敢再游了！一直到幾年後，學校體育課正式排了游泳課程，才總算游出了點兒心得。

其實，就信仰的觀點來看，人在困境中學「信心」的功課，不也就像人在泳池裡學游泳的功課一樣嗎？越是慌怒的亂扭亂動，越是用自己的方法胡揮亂划，反而會讓自己越「沉」越快；相反地，學習在困境中「放輕鬆」，學習在困境中靠信心交託給上帝，則自然而然地便會「浮」起來。

每個人都會遭遇到不同的大、小困難，親愛的朋友，在困難的大海中，您是否常有使力無用，精疲力竭的無奈呢？詩人說：「當將你的事交託耶和華，並倚靠他，他就必成全。」（詩篇卅七篇5節）不妨試著「放輕鬆」吧！放鬆地將一切擺上，放鬆地將一切交託，相信必會有出乎意料的局面。

在困境中，您我會「沉」下去，抑或「浮」起來？關鍵就在於自己放鬆、交託的程度了！

名人留言版

我們若不經過艱難的地方，在生命中便學不到交託的功課。

～考門夫人

② 信心的N次方

有一個國王，他獨自一人微服出巡，在京城的大街上，他遇上了三個乞丐，在與那三個乞丐閒話家常後，他發現其實這三個人並非什麼庸碌之輩，只不過一時時運不濟，傾家蕩產，淪落街頭。於是，國王決定私下幫助他們。

他拿出了三張空白的銀票，對他們說：「三位兄台，你們自己在上面填上需要的數字，之後把銀票拿去給駐留國庫的小吏看，他們就會把等值

的銀兩換給你們了！」三個人一時還摸不著頭緒呢！但也各把三張銀票給收下了。

晚上，第一個乞丐想：「嗯，白天那人必是家財萬貫，但他又為什麼要幫我呢？他真會那麼慷慨嗎？」於是，便小心地在銀票上填了十兩；第二個乞丐想：「真有那麼有錢的人嗎？寫太多了恐怕會超過他的負擔吧！」於是，便在銀票上寫了二十兩；第三個乞丐則想：「好吧！既然他這麼說，那我就信吧！」便瀟灑地在銀票填了個一萬兩！

第二天過後，第三個乞丐順利地東山再起，而第一、第二個乞丐，卻仍舊脫離不了生活的困境。就像故事中的國王，上帝早已賜下應許給世人，但今天很多人在遭逢患難時，也常會像那前兩位乞丐一樣，懷疑道：「上帝真會幫我嗎？」「我所求的會不會超過上帝的負擔呢？」以至久久脫離不了生活的困境。

如果您回想一下自己的信仰生活，相信您也會體會到一個有趣的生活

公式：幸福＝（信心）的N次方

幸福的多寡，等於您我對上帝信心大小的N次方！這樣的理論可是有憑有據的喔！聖經上說：「你們若有信心，像一粒芥菜種，就是對這座山說：你從這邊挪到那邊。他也必挪去；並且你們沒有一件不能作的事了。」（馬太福音十七章20節）相信嗎？假使您我的信心能夠增加個一丁點兒！則N次方後，便能發揮出強如挪山的可觀效果！

這則易讓人會心一笑的「公式」，原本只是我寫在自己靈修筆記裡，用來提醒自己的一則式子，在此野人獻曝，寫出來跟大家分享，期待您我共勉之。

名人留言版

信心，是那支得著上帝一切豐富的鑰匙。

～賓路易師母

③ 生命，是無限大＋1

生命，是無限大＋1，很多人終其一生精打細算、飛黃騰達，然而到臨走的那一天，才發現手上那一切曾被視為珍寶的事物竟是如此微不足道；有的人的一生看似默默無聞、窮迫潦倒，然而他卻抓住了生命中的「無限大」，以至當他離世時，他是喜樂、平安的。

曾有位少年，他是馬其頓的王子，從小聰明過人、雄心萬丈，長大後繼承父位，一路揮軍橫掃歐、非，打敗了波斯、埃及等當時強及一時的大

國，他，就是亞歷山大大帝。然而當他臨死前，他感慨地交待旁人，要將棺材旁各挖兩個洞，好把手放在外頭，讓國人看看，其實他兩手空空，根本沒抓著什麼。權利、王位、軍力……不過都只是「1」！

幾百年以後，又有另一位少年，他名叫拉撒路，他可慘了！沒有親人，沒有朋友，找不到工作，甚至還討不到飯吃，但他死了以後，卻在天堂安寧、快樂地度日，他的故事甚至還在猶太民間被傳為家喻戶曉的佳話，為什麼？因為他懂得抓住那被許多人給忽略的「無限大」！

生命，好比無限大＋1！「無限大」是基督的信仰，「1」是您的事業、學位、權力、人脈、金錢……。倘若您抓住了「無限大」，但卻辛苦求「1」不成，沒關係！無限大還是無限大！恭喜您已得著了永生的冠冕；假使您抓了「1」而放走了「無限大」，即便您耗盡一生、百般勞苦地抓住了成千上百個「1」，它們的總和比起那無限大仍舊小得可憐，甚至趨近於零！人若賺得全世界，賠上自己永恆的生命，又有甚麼益處呢？

想一想：「無限大」與「1」，您抓那一個？您教育您的孩子抓那一個？您選擇的順序對了嗎？您教導您的下一代所選擇的順序對了嗎？值得您深思儆醒。也祝福您抓住那「無限大」的恩典、能力……。

名人留言版

人是多麼地忙碌，爲瑣碎的事物而煩心，然而這些總有一天都要過去，因爲除了上帝以外，一切的一切都是虛空。

～約翰．衛斯理

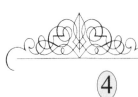

4 剪除自己的「狼人基因」

有部知名的老電影「狼人」，劇情是描述一個男子會忽然在一瞬間變為一隻狼獸的故事。故事中的那名男子，平時跟正常人沒什麼兩樣，甚至極其斯文，溫文儒雅，但他只要一見到滿月，就會變身成一隻連他自己也不認識，連他自己也控制不了的惡狼，張牙舞爪，十分恐怖。

其實，我們不都也或多或少有些「狼人」的特質嗎？平時一直都可保持得謙恭有禮，溫文儒雅，但只要一碰到了「滿月」的時候，只要遇到或

聽到了某些自己所不喜歡的事情或言語，可能就會抓起狂來，情緒失控，瞬間變成一隻自己也不認識，自己也控制不了自己行為的「狼人」。

而每個人的「滿月」，每個人的盲點，也都不太一樣！舉例來說：很多人平時風度翩翩，但卻經不起一點兒批評，只要有人一批評他（她），就會馬上怒髮衝冠，勃然大怒；有的人自幼一路順遂，但卻成了個輸不起的人，只要一碰到一點兒小失敗，就會立刻暴跳如雷，四處遷怒；許多人平日笑容可掬，但卻有著極敏感的省籍情結，如果碰到有人政治立場相左，便會變得激進異常，出口傷人。

每一個人，心靈深處都各有不同的「狼人基因」，一旦碰到了那些「滿月」（如：批評、失敗、省籍……），即便在旁人看來根本是小事，自己也會馬上發起飆來，而在此刻盛怒之下，所有平時的道德，所有受過的教育，老早就已拋到九霄雲外去了！使得自己頓時變成一隻完全失控的生氣野獸，甚至還傷及身旁無辜者的心。這是多麼可惜的一種現象！

不妨思考一下，對您而言，您生命中的「滿月」會是什麼？會有哪些小事，是只要您一碰到或聽到，就會令您當場暴怒、失控的？

世事難料，無論我們怎麼避，也不可能保證自己永遠也碰不到那些「滿月」的人、事、話，所以唯一的方法，就是把自己的軟弱給全然擺在上帝面前，求祂從心底深處來改變您，剪除自己的「狼人基因」，潔淨自己，克服自己E.Q上的盲點，否則，那天您突然在眾人面前失態地「變身」了！那，丟臉的還是自己。

名人留言版

基督徒的生活就是活出基督。

～吳漢斯

5 洗九官鳥的家

我很懷念小時候院子裡的那隻九官鳥，更懷念跟牠「嘔氣」的日子。說「嘔氣」是怎麼來著？唉！雖說我是牠的小主人，牠是我的寵物，可是牠那難伺候的「鳥」格特質卻實在讓人有苦說不出，特別是幫牠洗鳥籠、清屋子的時候。

每次幫牠洗牠的鳥籠，通常都是我跟爺爺兩人一起出馬，接下來就精彩了！只見在院子的空地裡祖孫倆手忙腳亂，九官鳥在籠子裡「嘎！

嘎！」地拍著翅膀邊叫邊逃邊飛，簡直就像在殺雞一樣！

被抓到了，仍舊不斷扭動著身軀，看著牠眉宇間悲憤的神情，我彷彿聽到牠在對我說：「嘎！嘎！老子住得舒舒服服的，沒事兒抓什麼抓！？把你的髒手拿開！嘎！嘎！嘎！」

可憐的鳥兒，牠又怎知我現在抓住牠，是為了要在待會兒給牠清理出一個更舒適的窩呢？當真不識好人心！九官鳥啊九官鳥，你可真是生在福中不知福啊！

想一想，在天父的手中，您我的表現是不是也常像那隻九官鳥呢？我很喜歡聖經上的一句話：**「論到全能者，我們不能測度；他大有能力，有公平和大義，必不苦待人。」**（約伯記卅七章23節）

就像九官鳥永遠不明白我為什麼要抓牠一樣，人們往往不會了解天父在他們身上的帶領，總是會不斷地掙扎，不斷地埋怨。然而誠如前段文字所引述的那節經文所述，也許我們一時之間不能完全明瞭、測度那全能造

物者在您我身上的帶領方向與意義，但有一件事絕對是肯定的，那就是祂「必不苦待人」！

親愛的讀者，您常覺得天不從人願嗎？或是您對天父在您身上的作為常感匪夷所思？先別氣，先別急，祂「抓」您絕不會是為了要害您，而是要重新整頓您的生命，賜給您一個更潔淨，更美好，更令人稱羨的生活！

相信我，上帝所要為您做的一切肯定超乎您過去所求所想。

名人留言版

真正的信心，必然帶進順服，當順服帶進時，必然伴隨著賜福。

～愛肯

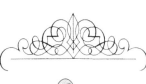

⑥ 生命的藝術家

從小就對陶藝很感興趣，所以在國一那年加入了學校的陶藝社，記得在初學陶藝的階段，有回我費了好大一番功夫用拉坏機拉出了個葫蘆，「大家快來看啊！這是我做的，厲害吧！」我興奮地大聲嚷著，立刻吸引了不少人的目光與欽羨聲，就連指導老師也不禁得意地直點頭。

接下來，進入了高溫燒窯的步驟，照常例，我們需在一週後再到社團領取已燒好的半成品，然而一週後，卻也成為了我心碎至極的日子。踏進

陶藝教室裡，還沒開口呢！只見每個人均對我投以憐惜的眼光，待看到上週的那枝「葫蘆」後，眼淚幾乎要奪眶而出！那兒來的葫蘆啊！早已化成一塊塊殘破不全的碎片。

「啊～怎麼會這樣？」我沮喪、不解地大喊，再看看其他的同學，竟也有一、兩位有類似的情況，這時老師忽然開口說：「同學們，你們知道為什麼有些人的作品放進窯裡燒時會爆裂開來嗎？」大家疑惑地搖搖頭，老師接著說：「記得曾提醒過你們，陶土一定要保持乾淨，不能碰到灰塵等雜質，它們摻在土裡雖然一時之間看似沒什麼兩樣，但等到燒窯的關鍵時刻，那些摻有雜質的陶土就會在高溫下爆裂，任憑之前做得再漂亮，到最後也只剩碎片一堆了！」

我頓時回想起自己製作半成品時，屢屢不慎掉土於髒地的疏忽，也明白了半成品為何以爆裂收場的原因。

其實，每個人都是自己「生命的藝術家」，每個人都會盡可能地按照

理想，來將自己的人生給捏塑得巧奪天工，經營得美輪美奐。但千萬要記得，別讓自己辛苦衝刺的人生沾染到不該有的「雜質」，不要去做一些諸如色情、貪瀆、背後中傷等見不得人的虧心事。

也許您覺得神不知鬼不覺，也許您覺得自己掩藏得極好，但等到了「關鍵時刻」（如：升遷、選拔……），所做過的虧心事一旦給「爆」出，必將給予您重重的一擊！甚至足以使您前功盡棄、功敗名裂！唯有做一個「乾乾淨淨」的人，您才有可能順利地將自己的人生給陶冶成一個美麗的藝術品。

名人留言版

掩藏的事，沒有不顯出來的；隱瞞的事，沒有不露出來的。

～《馬可福音》

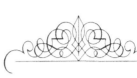

7 拆除心中的違建

前一陣子，有民代指出某內閣閣員家裡的庭園是違章建築，雙方辯得口沫橫飛，互不相讓，一方指證歷歷，一方含淚澄清，更是讓民眾看得一頭霧水，不知所云。

人的眼睛，要看到別人庭園裡有形的違建，是相當容易的，但若要發現自己心中那些無形的違建，要發現那些建築在自己生命上的人性軟弱，就得有些自省的藝術了！聖經上曾叮嚀世人：「**心裡要仔細省察。**」（詩

篇七十七篇6節）在您我的心裡，是不是也有一些不討上帝喜歡的「心靈違章建築」呢？我們可以從三方面一起來努力：

●拆除心中的違「牆」

人的心裡，往往會被忙碌、自豪、冷漠、功名……給築起一道道厚厚的圍牆，讓自己看不到別人的需要，看不到別人的優點，看不到別人的難處，甚至為著利益而把整個人都給防衛起來。試著拆除這些心中的違「牆」，讓自己敞開心胸與他人來往，做一個走入人群，而非遠離人群的基督徒。

●拆除心中的違「樓」

人，只要一有掌聲，便常會像舊約聖經中的故事一樣，為自己建立一座座的「巴別塔」！藉主為大，榮耀己名。掃羅、大衛、所羅門，這三個以色列全盛時期的君主，都曾因驕傲自滿而在小事上栽了大跟斗！我們務必拆除心中的違「樓」，拆除心中那些虛榮的巴別塔，做一個謙虛，進而

成功的好基督徒。

●拆除心中的「聲色場所」

人的心中，常會有一些角落，被偏激、暴戾、色情……給佔據，這些小地方平日不易察覺，但若放任它們，讓它們有機會「坐大」！則必將對您我的品德與前途，造成出乎意料的殺傷力！拆除心中的「聲色場所」，淨化自己的心靈，您我本身將是最大的受益者。

倘若將人的心給比擬為一座城市，想一想，您的「市容」如何呢？拆除那些心中的違建！拆除那些心中不討上帝喜悅的心思意念！您的心將會變得更加寬廣，更加安寧，更加乾淨。

名人留言版

思想是一切幸與不幸的本源。

～安得魯・卡內基

8 用金句卡當盾牌

美國大佈道家亨利，非常喜歡做一個見證，他表示，影響他屬靈生命最大的，不是什麼知名牧師、大學教授，而是小時候他家裡一位名叫史密斯的僱農，史密斯是位虔誠的基督徒，每每工作之餘，總會坐在床邊虔敬地閱讀聖經，並時常將所讀到的經文給掛在嘴邊，沒想到，他無意間所背頌出來的話，就這麼植入了當時仍年幼的亨利心中，甚至影響他日後走上宣教之路，還靠著這些上帝的話語，抵擋了無數的難題。

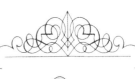

可不是嗎？聖經上的話語，就像一面堅固無比的「盾牌」，可以替我們擋去無數的試探、誘惑、低潮。

在成長過程中，很多人會誤以為我對聖經比起其他同儕要熟諳許多，坦白講，我實在不敢當！但說來也許您不相信，我現在聖經知識的「根底」，有將近百分之八十，是小時候在兒童主日學裡所打下的基礎！兒童工作的重要性，由此可略見一二。

還記得過去在兒童主日學，每次上完課，老師都會發一張「金句卡」，上頭有可愛的圖案與一節聖經經文，我們總是得背誦完後才準下課。當時覺得有些枯燥，但卻萬萬也沒想到，小時候逐年累月所背下的經文，卻成為了我日後面臨困難，以及心情低落時，從新得力的關鍵！

親愛的朋友，您有帶您的孩子或晚輩去上兒童主日學嗎？您用什麼態度看待您家的小朋友所帶回去的金句卡？父母對一樣事物的態度，將會潛移默化地影響下一代！故懇請您「務必」適度地對那些看似不起眼的金句

卡，表現出重視、珍奇、關心的態度來！否則您家的小朋友也將會不把它們給當一回事。

相信嗎？那一張張平凡無奇的金句卡，若是教育得當，日後很可能會化身成一塊塊護衛心靈的「盾牌」！替您的孩子擋去無數的試探、誘惑、低潮……。千萬不要忽略了「**從小明白聖經**」（提摩太後書三章15節）對一個孩子未來的影響。

名人留言版

在聖經中，你可以找到解決所有屬世問題的方法。

～柯立芝（美國前總統）

9 恩典之後的「反作用力」

這天，世界各地的小鬼們共同籌辦了一場「世界鬼領袖高峰會議」，由駐守各地的鬼代表們共同出席，分享「整」基督徒的心得。

首先，法國來的鬼代表說話了：「過去這一年，我花了好大的力氣，把『仇恨』注入他們的心，結果呢？嘿嘿！他們彼此鬧得天翻地覆。」

駐守日本的鬼代表接著說：「我正在想辦法想用『窮困』來讓日本的基督徒遠離神，但還沒成功！」中國大陸的鬼趕緊接道：「『窮困』？不

見得有效哩！咱們那兒的基督徒異常困窘，聚會還會受逼迫，但卻越服事越帶勁！真是氣死「鬼」了！」

美國的鬼代表說：「我呢，是用『色慾』來整當地的基督徒，結果現在美國的基督徒對性越來越持守不住，連他們的前總統都招架不了！怎麼樣？小有成就吧！」

就在眾「鬼」七嘴八舌地討論使基督徒跌倒的方式時，議場的角落裡睡了一隻白白胖胖的鬼，看起來一付養尊處優的樣子，顯然過去一年過得挺悠哉！牠，是來自「台灣」的鬼代表。這時，會議主席說話了：「接下來！我們請今年度業績量暴增最多的台灣區鬼代表講幾句話！台灣區代表在那裡啊？」

「哦？啊！我在這裡！」這隻吃得胖胖的鬼代表從睡夢中被驚醒後，趕忙應聲答應。牠理了理衣領，開口說：「我說各位，你們也真忙！我告訴你們，整基督徒的第一步，就是什麼事也不要做，任由上帝施恩賜福給

他們。」

「喔！噓……」「開什麼玩笑！」「哎─臭蓋啦！」「小子，你唬『鬼』啊！」底下噓聲、吐槽聲四起。台灣的鬼代表立刻得意又自信地說：「真的！人類在順境中都容易墮落！遠離神！我起先也不敢相信，但事實就是這樣，不信你們回到自己的責任區去試試看，真的這招很有效喔！哇哈哈！」

於是，「世界鬼領袖高峰會議」達成決議，要袖手旁觀上帝賜給基督徒們恩典，讓他們有機會在恩典中墮落，之後再以逸待勞，見縫插針。

這個故事沒有結論，但卻給了世人無限的省思空間。恩典，原本該是上帝賜給基督徒們很美的禮物，然而我們若不儆醒，它們將會伴隨而生很強的「反作用力」，將我們與上帝之間的距離給越推越遠。

舉例來說：上帝讓您事業升遷，但您卻因著忙於工作，而漸漸地成了不靈修，不聚會的基督徒；上帝賜您豐沛的恩賜，但您卻因此自高自大，

而漸漸地成了「有形無心」的事奉者！

我們務必隨時當心伴隨著恩典而來的「反作用力」，它們往往不易察覺，但卻具有極大的勁道！足以將不夠儆醒的基督徒給遠遠地推離上帝跟前。親愛的讀者，當您活在恩典中時，要小心，別被那些生於無形的「反作用力」給推跑了！

名人留言版

不要給撒旦在您裡面留任何的地步。

～羅賓森

10 布袋戲

小時候很喜歡看布袋戲，更喜歡玩布袋戲。您若要問我原因？我也說不出個所以然來，也許是看布袋戲電視集迷上了，也許是受身邊同年齡孩子的影響，也可能是純粹喜歡那種將布偶套在掌中耍玩的快意。

我喜歡玩布袋戲，但我一直耍得不好，記得有一年，國小校長知道我們這群小蘿蔔頭喜歡布袋戲，還真找了一批布偶劇團到學校的大禮堂，同我們講解、演出。專業人士就是專業人士啊！一出手就是不同凡響，只見

一個個布偶在他們手中好似活了起來，一會兒翻筋斗、一會兒耍花槍，看得台下聲聲驚嘆、連連叫好。

人生，就像布袋戲。精彩與否的關鍵不在於布偶本身的華麗，乃在於耍舞者的技術！誰是操演您生命這齣布袋戲的主人呢？

有的人選擇將人生這隻布偶緊緊套在自己的掌中，選擇全然倚靠自己的聰明與力量來規劃、舞動自己的人生，固然顯得志氣可嘉、豪氣十足，然而天有不測風雲，天底下有太多太多的事是世人所不能預料到的，過於自負的人往往常會落得在戲台上「出槌」。

而似乎也有的人無意間將人生這隻布偶給套在魔鬼的手上，無意間讓魔鬼操演了自己的行為與表現，以至於大至社會新聞裡所報導的為保險金而殺妻事件、因爭風吃醋而砍人事件……，小至您我在日常生活裡所偶爾表現出的妒恨、偏頗、報復……，都讓自己的「演出」太令人髮指、太不可愛了！

當然，也有一種聰明人，懂得將人生這隻布偶交託在全能造物主的手中，懂得讓上帝的手伸進自己的生命裡動工，讓上帝的手藉著自己的生命去演一齣感人肺腑、精彩絕倫、充滿見證的叫座好戲。

假使您是布袋戲玩偶，那麼現在在您裡面掌操的是誰的手呢？從一個人所表現出的行為、思想、價值觀，可以看出他（她）裡頭的「靈」。您讓誰的手伸進了您的生命裡？問題的答案將決定您的一生！

名人留言版

一個被聖靈所掌管的基督徒，必定能夠活出榮神益人的樣式。

～柯理培

11 一念之差，天壤之別

「咦？奇怪！」我走在醫院的走廊上，準備到病房去看幾個住院病人，忽然覺得腳底刺刺的。「哦！真討厭！皮鞋裡跑進了一粒小石子。」心裡不斷嘀咕著，後來想想：「算了，等到了病房再把它弄出來吧！」但無奈！舊院那條中央走廊又長又顛，根本還沒走到一半呢！

我停下來伸出腳踢了踢，把那顆鞋裡的小石子給甩到了鞋尖，「這樣應該比較沒問題了吧！」我慶幸著，但好景不常，那粒惱人的小石子過沒

多久又開始到處亂竄，我再度止步，又想把它給甩往鞋裡較空的地方，但總是沒一會兒功夫就又回復舊狀，於是乎，只見我穿著短白袍在走廊上一顛一拐、走走停停的，好不狼狽。

「你怎麼啦？」一位從我身旁經過的護士問道，我回答：「沒事呀！鞋裡跑進一粒小石子而已，不過很討厭！」「哈哈！把它倒出來不就得了？何必那麼辛苦？」護士笑咪咪地說。本來我還一直顧忌著這麼做實在不雅，經她這麼一說，管它三七二十一，鞋子脫了，倒出那粒讓我行動受擾的石子，呼！走起路來還真的穩健多了！兩三下便到達了目的地。

區區一粒鞋裡的小石子，居然可以讓一個人難受到走得步履蹣跚，甚至走不完全程！同樣，一個偏差的小念頭，也足以讓您在人生的道路上走得顛顛簸簸，甚至一敗塗地了！

這樣的例子還不在少數！在聖經中大衛因為「色」這個偏差的小念頭，讓他的王者之路蒙上陰影；美國前總統尼克森因著「詐」這個小念

頭，使他在從政之路上一蹶不振；現在台灣社會更有人因「貪」這個小念頭，導致其一輩子身敗名裂。

一念之差，天壤之別！所以聖經上要叮嚀世人：「你要保守你心，勝過保守一切，因為一生的果效是由心發出。」（箴言四章23節）想一想，您生命中是否也藏有色慾、詭詐、貪婪、苦毒、惱恨、忿怒……等「小石子」、小歪念呢？那怕它只有一丁點兒大，都可能影響您人生的腳步！唯有下定決心把它給倒出去，才能夠「走」得更加平順安穩。

名人留言版

真正的悔改永遠都不會太遲。

～凱波爾

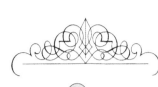

12 五枚銅板

在聖誕夜裡，五個小男孩手裡各握著一枚銅板來到教會，第一個孩子嘻皮笑臉地把銅板放進奉獻箱，小天使在一旁記錄著：「他捐出了一枚『錫』幣，因為他平日對同伴一點兒也不關心。」

第二個小朋友大搖大擺地來到奉獻箱前，「噹」地一聲將銅板丟入奉獻箱，天使記道：「他奉獻了一枚『銅』幣，因為他心中滿是傲氣。」

第三個小朋友心想：「既然人家都奉獻了，那我只好也捐了！」天使

記著：「他投的是一枚『鐵』幣，因為他的心太冰冷了！」

輪到第四個小朋友了，他要將銅板投下去的那一剎那，他想起了冬天那些沒錢沒家的街頭流浪漢，流下了一滴眼淚。天使記著：「這孩子奉獻的是一枚『銀』幣，因為他滿有同情心。」

最後一個孩子來到奉獻箱前時，心中默禱著：「親愛的主耶穌，求您能使用這小小的銅錢，讓它能為您做最多的事。」天使記錄著：「這孩子投下的是一枚『金』幣，因為他充滿愛與信心。」

親愛的讀者，如果您是第六個孩子，您也投下了一枚銅板，小天使會在他的筆記本上作怎樣的記載呢？

在舊約聖經裡上帝曾對撒母耳說：「人是看外貌；耶和華是看內心。」（撒母耳記上十六章7節）短短一節經文卻給了後人無限的提醒：奉獻、唱詩、講道、服事……若只重金額、歌喉、口才、能力，卻忽略了一顆事奉的「心」，那麼在上帝眼中的價值恐怕便要大打折扣了。

也許在人的眼中，奉獻就該如同徐志摩的詩句——「數大，便是美」（當然，作者的原文並非作此解），我不全盤否認這樣的看法，畢竟較多的金額有時確可做較多的事工，然而看重內心的天父更在意的是您心靈的擺上，不是嗎？

我深信在上帝的眼中，只要您是真心的擺上，那麼即使「數小，仍是美」！

名人留言版

在天父的眼裡，沒有一個孩子的禮物是沒有價值的。

～約翰・衛斯理

13 爸爸的小熊

前兩天抽空回到我們家貸款買的那棟小公寓去收拾東西，在房間的角落裡找到一隻藍色的絨布玩具熊，它是我小時候送給我爸爸的禮物，看著它，記憶頓時被拉回到約十多年前。

近十多年前，我還是個六、七歲的小孩子，爸爸是位牧師，當時我們家住在舊教會的牧師宿舍裡，那天，我手裡抱著一隻藍色的絨布玩具熊，噗通噗通地跑到爸爸面前，瞪大眼睛笑著說：「爸爸，爸爸，這隻小熊送

給你！」爸爸驚訝又開心地問：「哦？為什麼呢？」我天真的說：「因為你都沒有小熊啊！所以我把一隻分給你，讓你每天晚上可以抱著睡覺。」

爸爸聽完，「哈哈哈」地笑了幾聲，後來，只見他這個當時已四十好幾的大男人，面帶滿足的微笑，抱著那隻藍色的絨布玩具熊往臥房走去，輕輕地把它給放在枕頭邊。從此以後，直到舊堂拆建為止，將近十年的歲月裡，爸爸每天晚上，都這麼守著那隻藍色的絨布玩具熊，快樂、甜美的入睡。

一個四十好幾的大男人，睡覺還需要玩具熊陪伴嗎？當然不需要！（甚至講出來還會有些難為情呢！）但，他喜歡兒子送他的玩具熊嗎？喜歡！而且喜歡極了！因為這代表著他寶貝兒子的一份心。或許，這就是天下父母心吧！雖然過了十多年，然而當年的溫馨畫面，至今仍令我記憶猶新。

想一想，我們在天上的父又何嘗不是如此呢？套用一句前段的文字：

一個全能的造物主，難道還需要倚賴您那有限的奉獻、服事……嗎？當然不需要！但，祂喜歡您為祂而奉獻、服事……嗎？喜歡！而且喜歡極了！因為這代表著祂寶貝兒女的一份心。這，就是天父。

也許您自覺才智平平，也許您每次都只能奉獻不算多的金額，但只要您有心擺上，即使您所擺上的事物看在世人眼裡有如一隻「幼稚、沒用的玩具小熊」，幾乎毫無價值可言，但當愛您的天父將它們接在手中時，一樣會感到那麼樣地溫馨，那麼樣地窩心，那麼樣地意義非凡。

名人留言版

我們越愛祂，就會服事得越好！

～烏西·內勒

溫馨叢書 11

態度，決定了你的高度

著 作 者：施以諾
出 版 者：橄欖出版有限公司
臺北縣 23553 中和市連城路 236 號 3 樓
電話：(02)3234-7278　網　址：http://blog.yam.com/cclmolive
傳真：(02)3234-1949

發 行 人：李正一
發　　行：華宣出版有限公司 CCLM Publishing Group Ltd.
臺北縣中和市連城路 236 號 3 樓
電話：(02)8228-1318　郵政劃撥：19907176 號
傳真：(02)2221-9445　網址：www.cclm.org.tw
香港地區：橄欖（香港）出版有限公司 Olive Publishing (HK) Ltd.
總 代 理　中國香港荃灣橫窩仔街 2-8 號永桂第三工業大廈 5 樓 B 座
Tel:(852)2394-2261　Fax:(852)2394-2088　網址：www.ccbdhk.com
新加坡區：益人書樓 Eden Resources Pte Ltd
總 代 理　29 Playfair Road #02-00 Lin Ho Building, Singapore 367992
Tel：6343-0151　E-mail：eden@eden-resources.com
Fax：6343-0137　Website：www.edenresource.com.sg
北美地區：北美基督教圖書批發中心 Chinese Christian Books Wholesale
經 銷 商　603 N. New Ave #A Monterey Park, CA 91755 USA
Tel：(626)571-6769　Fax：(626)571-1362
Website：www.ccbookstore.com
加拿大區：神的郵差國際文宣批發協會
經 銷 商　Deliverer Is Coming International Publishing
B109-15310 103A Ave. Surrey BC Canada V3R 7A2
Tel：(604)588-0306　Fax：(604)588-0307
澳洲地區：佳音書樓 Good News Book House
經 銷 商　1027,Whitehorse Road,Box Hill, VIC3128, Australia
Tel：(613)9899-3207　Fax：(613)9898-8749
E-mail：goodnewsbooks@gmail.com

封面設計：呂基殿
承 印 者：世和印製企業有限公司
行政院新聞局登記證局版臺業字第 2600 號
出版日期：2003 年 01 月

年　　份：16 15 14 13 12 11 10
刷　　次：60 59 58 57 56 55 54 53 52 51 50

Cat. No.16061
ISBN：978-957-556-452-0

國家圖書館出版品預行編目資料

態度，決定了你的高度＝ Attitudes affect altitude／
施以諾著.——初版——臺北縣
新店市：基督橄欖文化，民 92
面；　公分.——（溫馨叢書；11）（心靈小點心；3）
ISBN 978-957-556-452-0（精裝）
1.基督徒　2.生活指導
244.9　　92000469